162通のインヴィテーション
リガ案内

アルタ・タバカ 編　菅原彩・小林まどか 訳

土曜社

ANOTHER TRAVEL GUIDE RĪGA

© Anothertravelguide.com & Indie Culture Project Agency, Riga, 2012

リガっ子からのインヴィテーション

旅に出るときのいちばんの関心事。それは旅先で友達を作れないかなということ。あるいは、少なくともふらっと会いにゆけるような知人が出迎えてくれればいいのに、なんていう贅沢な悩み。だって彼らなら教えてくれるでしょ？　平凡なガイドブックには書かれていないようなことを。

お気に入りの隠れ家や近所の行きつけの店から、隠れた小道、建物、美術館、バーやレストラン、小さな雑貨店、史跡、絶景ポイントまで。地元っ子だけが知る秘密をそっと教えてくれる人がいたら特別な旅になりそう。

そんな友達がガイドブックから飛び出して、あなたを案内してくれることになれば、すてきだと思いませんか？

この本を手にしている今、あなたはリガを知る特別な鍵をもう手にしているんですよ。真の地元っ子＝リガっ子が案内するリガ。アーティストや建築家、ビジネスマン、ジャーナリスト、写真家などリガを愛する彼らが喜んでその秘密を明かしてくれることでしょう。街の中心を彩る定番のスポットから、地元っ子だけが知る町はずれのとっておきの場所まで——そのすべての側面からリガを心ゆくまで探検するのをお手伝いします。

リガはその誕生の時から、あらゆるものが行きかう交易の要地でした。多国籍・多文化がまざり合うコスモポリタンな街の性格は、リガ湾を経てバルト海に流れこむダウガヴァ川の存在によるところが大きいでしょう。

70万の人びとがいきいきと暮らす、にぎやかな民族のるつぼ。13世紀にはハンザ同盟の一都市として繁栄し、16世紀には国籍もさまざまなコスモポリタンたちが旧市街でともに暮らしていました。

リガの多様性は、たちならぶ建築物のなかにも見ることができます。ゴシックやロマネスクから、バロック、古典主義、アールヌーヴォー、アールデコ、そしてモダニズムにいたる時代も様式もさまざまな建築は、どれも個性的でひとつとして同じものはありません。リガの珠玉

ともいうべき木造建築との調和もみどころです。

800年前にさかのぼる町の起こりから、リガは運命に翻弄されてきました。時にはつまずき、立ち止まり、自暴自棄になり、他国に支配され、国を荒らされたこともありました。

しかしリガは、繁栄と輝きを取り戻すため、いつでも立ち上がり、新たに街を立て直し、歩みを続けてきたのです。

激動の時代をへて、リガは芸術や音楽の面でも復興を遂げつつあります。リガを歩けば、マスカヴァス通りのスピーケリ創造区や、人でにぎわうクラブ、アリスティーダ・ブリアーナ通りのブティックなど、クリエイティブな雰囲気をそこかしこで味わうことができるでしょう。

政治や経済の状況はどうであれ、リガではいつも何かが起こっています。オペラやコンサート、舞台やデザインフェス、展覧会やDJ／VJパーティ、数えきれないイベントがあなたを待ちうけます。

地元っ子を魅了してやまない本当の理由、そして、海外からの旅行者がもう一度リガを訪れたくなる理由がここにあるのです。

RĪGA

リガ湾

マンガリュサラ

ダウガヴァ川

ヴァカルブッリ

ヴェツミルグラービス

キーシュエゼルス湖

ボルデラーヤ

サルカン
ダウガヴァ川

Viestura prospekts

クンジンサラ島

Meža prospekts

メジャパルクス
住宅都市

カチュセークリャ
ダンピス

チェクルカルヌス

Kokneses prospekts

Brīvības gatve　Lielvārdes iela

キープサラ島

アンドレイサラ

Senču iela

プルヴツィエムス

ダウガヴァ川

イルグツィエムス

Eksporta iela

Kr. Valdemāra iela

リガ市街

G. Astras

Brīvības iela

Jūrmalas gatve

旧市街

Slokas iela

モスクワ郊外

Dārzciema iela

Lielirbes iela

アーゲンスカルヌス

Krasta iela

Lubānas iela

Kārļa Ulmaņa gatve

トルニャカルヌス

Slāvu iela

ザチュサラ

Mūkusalas iela

ダウガヴァ川

Vienības gatve

Ziepniekkalna

Maskavas iela

ジェブニエクカルヌス

はじめに	003
旧市街	008
リガ市街	040
モスクワ郊外	124
アンドレイサラ	142
キープサラ島	146
パールダウガヴァ	150
郊外とユールマラ	166
おわりに	183
付録	v
索引	i

旧市街 VECRĪGA

旧市街はリガのちょうど真ん中に位置し、800年前の町の起源にさかのぼる中世の遺産が現代の進歩と共存しています。とはいえ、時代をとどめる博物館ともちがいます——迷路のような街路は今もいきいきと歴史を刻みつづけているのですから。

大統領が政務をおこなうリガ城、議事堂（サエイマ）、ラトビア銀行といった機関が集まり、名だたるギャラリーやカフェ、レストランが軒を連ね、企業の本社や店舗がひしめきます。過ぎし時代のおもかげを残す旧市街も、21世紀の都市らしい装いを整えているのです。

地図も時間も気にしない——それが旧市街を楽しむコツです。街のリズムに身を任せて、ふらりと閑静な中庭に迷いこんでみてください。朝起きて、街の目覚めるまえに、静寂のなかを散歩するのもおすすめです。

1. 氷上のつり人
2. リガ城
3. ラーチュプレーシス
4. ピエネネ
5. リガ大聖堂
6. リガス・ビルジャの美術館
7. ロック・カフェ
8. アルセナールズ展示場
9. リガ航海歴史博物館
10. カマ
11. キューバ・カフェ
12. ソ連映画の中のリガ
13. レストラン・ネイブルグス
14. ホテル・ネイブルグス
15. タム・ラバム・ブース・アウグテゥ
16. 聖ペトロ教会
17. ドーム・ホテル＆スパ
18. レ・ドメ
19. ライブ通りと
    シキューニュ通りの中庭
20. ラトビア国立交響楽団
21. リガ・アート・スペース
22. 音楽と楽器の店ウペ
23. ギャラリー・プッティ
24. リガ・ユダヤ教会
25. ラトビア占領博物館
26. ナターリヤ・ヤンソネ
27. ナバクラブ・ナイトクラブ
28〜31 コラム

1 BLITKOTĀJI
氷上のつり人

一面を氷に覆われたダウガヴァ川を占拠するのは、小さく丸まりこんだペンギン。いいえ、ペンギンのような人影。彼らは氷上で魚釣りを楽しんでいます。どういうわけか、このユニークなショーを見せてくれるのは、みな男性。
暖かな太陽がラトビアの雪や氷を溶かし始める春になっても、彼らはのんきなものです。趣味に没頭するあまり、身を危険にさらしているように見えますがご安心を。事故になることはめったにないのですから大したものです。

旧市街　010

2 リガ城
RĪGAS PILS

リガ城は今も昔も変わらず、リガ旧市街のスカイラインを彩ります。幾世紀にもわたり、あまたの支配者がこの城を拠点としてきました。中世にはリヴォニア騎士団長がここを要塞にし、その後もスウェーデン、ポーランド、ロシアと、その主を代えてきました。

1919年、独立戦争のさなかに城はラトビア共和国大統領の邸宅になります。ラトビアが2度目のソ連占領下にあったとき（1945～91年）には、城は子どもたちの運動場に変えられましたが、91年の独立回復によりふたたび大統領がこの城で政務をおこなうようになりました。

城の正面部分は、1783年の建築です。いちばんノッポの《3つ星タワー》は、20世紀に建てられたもの。

1930年代には、外国の賓客を迎えられるようアールデコの内装が施されました。

Pils laukums 3

3 LĀČPLĒSIS
ラーチュプレーシス

　昔むかし、クマのような力をもつ男がいました。人呼んでラーチュプレーシス、リガっ子ならだれもが知っているラトビアの英雄です。

　気高き英雄は、剣を手にして人びとを脅威から守ります。外国からの侵略者もお手のもの。

　そんな彼に、運命を決する戦いが降りかかります。月の輝く夜——運命の戦いがおこなわれたのはそんな夜でした。激闘の末、英雄は崖から転がり落ち、仇敵のドイツ暗黒騎士を道連れにダウガヴァ川の底に沈んでゆきました。

　彼らのゆくえについて、だれひとり知るものはありません。ですが、いつかきっと同じ崖の上で勇ましい戦いの続きがおこなわれると、だれもが信じています。そして今度こそ、われらのヒーローが暗黒騎士を打ち負かしてくれるのです。

　この伝説をめぐるイベントが毎年、11月11日に開催されます。1919年のその日、ドイツ軍の侵攻に対し、ラトビア志願兵が立ち上がり、武器も欠乏するなか、敵をリガから追い払いました。まるで、ヒーローが物語から飛び出して、現実世界に現れたかのような出来事。だから、毎年その日を「ラーチュプレーシスの日」としてお祝いするのです。

　夕方になると、子どもから大人まで多くの人が堤防に集まり、リガ城に近いレンガの壁にキャンドルを置いてゆきます。少し歩いて川へ出ると、子どもたちが紙のボートにキャンドルを乗せて、ダウガヴァ川へ放っているでしょう。ボートは川の流れに乗り、ヒーローの復活を願って進むのです。

旧市街　012

4 PIENENE
グリーン・アトリエ　ピエネネ

野原や森にめぐまれたラトビアには薬草療法の伝統があります。親から子へ、子から孫へと代々伝えられる知恵のおかげで、ラトビア人は風邪にきく薬草も、傷口に貼る薬草も知っているのです。

さほど広くない国内に、16の薬草会社がひしめくことからも、ラトビア人の暮らしにどれほど薬草が欠かせないものかがわかるでしょう。

ピエネネでは、国内でつくられる薬草コスメなら何でも手に入ります。ラトビアの女性がみんな使っているバルドネ泥のマスクは、ぜひお試しを。

店内のカフェでハーブティーをゆっくり飲みながら、次はどんなコスメを試そうかしらとあれこれ考えるのも楽しいひとときです。

Kungu iela 7/9 ／ +371 67 21 04 00
毎日10時〜19時

013 ｜ 旧市街

ドマ広場

5 RĪGAS DOMS
リガ大聖堂

その歴史、大きさ、壮麗さ、どこから見てもリガ大聖堂にならぶものはありません。内装には、バルト地域の美術史が刻みこまれています。華麗な姿と裏腹に、大聖堂は幾多の試練に耐えてきました。16世紀の宗教改革では、聖母マリアの肖像がダウガヴァ川に沈められ燃やされました。その後も革命があり、戦災があり、50年にわたりソ連によって支配され、ラトビアの歴史とともに傷を負ってきたのです。

大聖堂の建設が始まったのは13世紀のこと。建築には100年以上の年月を要し、改装と拡張がかさねられて、こんにちの荘厳な姿になりました。

もともと高台に建てられたこの大聖堂ですが、今では、ほかの建物より数メートル低い土地に建っていま

す。そのわけは、春にたびたびリガを襲った洪水にあります。1709年には、海の魚が流れつくほどの大洪水があり、水が達した高さを示すプレートが残されています。洪水を恐れたリガの人びとは街全体をかさ上げし、大聖堂だけ低い土地に取り残されたというわけです。

大聖堂のもうひとつの見どころは、かつて世界最大を誇ったパイプオルガンです。1884年に作られ、パイプの数は6700本以上。ソ連によって、大聖堂は活動を停止され、コンサートホールに変えられました。ルター派福音教会大主教として復権したこんにちも、定期的に演奏会がひらかれています。

Doma laukums 1

015 | 旧市街

6 MĀKSLAS MUZEJS RĪGAS BIRŽA
リガス・ビルジャの美術館

ルネッサンスのパラッツォ・スタイルを用いて19世紀に設計されたリガス・ビルジャは、旧市街の中心、ドマ広場で威容を誇ります。家主や管理人がたびたび代わり、大きな火災もあり、4階建ての建物はすっかり壊れてしまいました。十数年にわたる熱心な再建の甲斐あって、近年復活し、ふたたび人びとが集まる場所になりました。

美しく復活した広大なビルジャには、美術館が入っています。

この美術館は1920年に設立され、オランダ黄金時代、ドイツ・ロマン主義、1930年代初頭のベルギーの美術など、国内最大の海外美術コレクションを所蔵します。そのほか中国・日本・インドを中心とした東洋美術のコレクションもバルト地域屈指といえるでしょう。

Doma laukums 6 / www.lnmm.lv
10時〜18時、金のみ10時〜20時、月休

旧市街　016

7 ROCK CAFÉ
ロック・カフェ

　ラトビア西部の港町リエパーヤは、ロックの町として知られています。そのリエパーヤで生まれたロック・カフェがリガにやってきました。

　カフェの建物もみごと――17世紀北欧バロック風の建物レイテルナ・ナムスは、建築家ルペルト・ビンデンシュウの設計によるもの。店内にはラトビア・ロック界を彩った伝説の品々が飾られています。

　2つのステージでは、ライヴもおこなわれます。

Mārstaļu iela 2/4 ／ +371 29 99 76 19 ／ www.rockcafe.lv
月・火11:00-00:00、水・木11:00-2:00、金・土11:00-6:00
日12:00-0:00

017　旧市街

8 アルセナールズ展示場
IZSTĀŽU ZĀLE ARSENĀLS

　ラトビアでもっとも権威ある展示場のひとつ。リガ城と議事堂に挟まれた好位置にあり、街のランドマークともいうべきその建物は、1832年にロシア帝国の様式で建てられたもの。
　とはいえ、展示ホールとしての歴史はまだ浅く、1980年代の終わりごろまでは、軍の倉庫として使用されていました。
　展示ホールにめざましい変身を遂げたのは1989年のこと。その広々とした展示スペースは、たちまちアーティストたちを魅了しました。
　見どころは、国内外のアーティストによる展示やプロジェクト。ラトビア絵画の父ヴィルヘルムス・プルヴィーティスの名前を冠した毎年恒例のプルヴィーティス賞の作品展も注目です。
　2階では気鋭のアーティストを迎えてのワークショップがひらかれ、伝統にとらわれない現代アートに出会うことができるでしょう。

Torņa iela 1 ／ +371 67 35 75 27 ／ www.lnmm.lv
火・水・金12:00-18:00、木12:00-20:00、土・日12:00-17:00、月休

9 RĪGAS VĒSTURES UN KUĢNIECĪBAS MUZEJS
リガ航海歴史博物館

　リガ航海歴史博物館は、ヨーロッパの中でもっとも古い博物館のひとつです。18世紀の終わり、リガ大聖堂の修道院だった建物に博物館がつくられました。800年にわたるラトビアの首都リガの歴史を知るには、まずこの博物館を訪れてみてください。

　古典主義スタイルの円柱ホールに18・19世紀の工芸品が展示されています。インペリアル・スタイルの精巧なウェディングドレスは、服飾史に興味があるなら必見といえるでしょう。

　《銀色の飾り棚》もお見逃しなく。そのほかゴブレットや十字架、ナイフやフォークに砂糖入れまで、17世紀から20世紀の貴金属でできた品々が300点以上おさめられています。

Palasta iela 4　/　+371 67 35 66 76　/　www.rigamuz.lv
毎日10:00-17:00（5月～9月）
水～日11:00-17:00、月・火休（10月～4月）

10 KAMA
喫茶店カマ

　カフェというより南アジアにあるようなたまり場。都会の慌ただしい日常から逃避できる所。謙虚な心や純粋な何かにふれる場所。急いで走りまわるのをやめ、毎日をゆっくりと味わい、暮らしを楽しむこと。おいしいお茶はもちろん、アーユルヴェーダのメニューもあります。

Jēkaba iela 26/28
+371 29 27 72 27
毎日12:00~24:00

11 BĀRS CUBA CAFE
キューバ・カフェ

　旧市街のクラブといえばここ。こぢんまりした狭い店内が夜ごと混み合います。

　真っ赤な壁紙が共産党時代のおもかげをしのばせ、キューバの香りが漂ってきそうです。

　夕暮れが近づくと、カフェは息を吹き返したように、にぎわいます。芸術家や知識人たちが集い、閉店まで尽きることのない話に花を咲かせます。

　種類豊富なカクテルも人気の理由。テキサス・メキシコ風のスナックと合わせてどうぞ。サマータイムには、屋外のテラスも開放されます。

Jauniela 15
+371 67 22 43 62
月〜土12:00-2:00、日12:00-24:00
www.cubacafe.lv

12 ソ連映画の中のリガ
RĪGA PADOMJU KINOFILMĀS

リガの旧市街やクワイエット・センターがソ連映画によく登場することを知っている映画ファンは、今では年配のリガっ子だけになってしまいました。ソ連時代には、リガをロンドン、ベルリンなどヨーロッパの街に見立ててのロケが、頻繁におこなわれました。

伝説のシュティルリッツ（ソ連時代の人気テレビ映画の主人公）が歩いた舗道もリガの小石通りが舞台です。

リガ大聖堂からリガ城にむかって歩けば、ほら、ホームズが歩いたのと同じ道。ヤウンイエラ通り22番地の建物を見れば、かの有名なベーカー街221Bが目のまえに現れることでしょう。

ペイタヴァス通り10・12番地には、映画博物館もあります。

www.kinomuzejs.lv

旧市街　022

13 RESTORĀNS NEIBURGS
レストラン・ネイブルグス

　19世紀末に一人の男がボートに乗ってリガにたどり着きました。男の名は、ルドヴィグ・ネイブルグス。レンガ職人から棟梁にのし上がり、世紀が変わるころには、町じゅうにその名をとどろかせていました。

　2009年、ネイブルグスが残した1903年築のアールヌーヴォー様式の建物に、彼の後継者たちが新たな命を吹き込みます。ホテルが開業し、レストランは街でも指折りの名店として知られるようになりました。

　天才シェフ、サンディス・ブルジャスは、サーディンや大麦、アンズタケ、季節のフルーツなどラトビアの食材を使って斬新な料理をうみだします。手ごろな価格も人気の理由です。

Jauniela 25/27 | +371 67 11 55 44 | www.neiburgs.com
毎日11:00〜23:00

14 VIESNĪCA NEIBURGS
ホテル・ネイブルグス

　2009年に開業したホテル・ネイブルグスは、歴史ある建物をいかして設計された内装がみごとです。

　たとえば壁の装飾は、もともとあった床の模様を模しています。木製のドアは、元の建物からそのまま使われ、天井の装飾や塗装も往時をしのばせます。

　ホテルは細い路地裏にありますが、全55室の客室からは、旧市街の見晴らしが楽しめます。赤い切妻屋根から突き出たリガ大聖堂も、いつもと違う角度から望む聖ペトロ教会のとんがり屋根も、ダウガヴァ川左岸に沈みゆく夕日も、旧市街でおなじみの小石通り、そしてそこでにぎわう人びとの営みも、見るものすべてが愛おしく思えることでしょう。

　自由に使えるスパや図書室もあります。

Jauniela 25/27　/　+371 67 11 55 22　/　www.neiburgs.com

15 3 PAVĀRU RESTORĀNS TAM LABAM BŪS AUGT
タム・ラバム・ブース・アウグテゥ

　冒険と驚きにみちたレストラン。決まったメニューをもたず、毎日が新しい冒険です。食材の仕入れもあらかじめ決めることなく、旬のものなど、そのときいちばんおいしそうな材料を買い入れます。

　店を切り盛りするのは、マールティニュンシュ・シルマイスさん（テレビにも出演する人気シェフ）、エーリク・ドレイバントさん、ルータ・リエトゥマさんという３人の料理人です。

　仕事のやり方も自由奔放な彼らの手にかかれば、注文した料理もパフォーマンスのように供されることでしょう。

Jēkaba kazarmas, Torņa iela 4
+371 20 37 05 37
月～金12:00-23:00、土・日11:00-16:00
www.tamlabambusaugt.lv

旧市街

16 SV.PĒTERA BAZNĪCA
聖ペトロ（ペーテラ）教会

リガいちばんの背高のっぽ、聖ペトロ教会は高さ121メートル。空に向かってぐんぐん伸びる教会のとんがり帽は、真っ青なリガのスカイラインにくっきりと映え、リガの景色を特徴づけています。リフトで地上72メートルの世界へ登れば、目のまえに広がる絶景に息を飲むことでしょう。

大きな窓、先の細くとがったアーチ、一つひとつ組み上げられたレンガなど、北部ゴシック様式の特徴が見られます。1209年に姿を現し、15世紀の増築によって、とんがり屋根は136メートルの高さに達しました。先端には、書類を納めたカプセルと今やリガを象徴する雄鶏が据え付けられました。

教会の歴史は災難の連続でした。1666年には尖塔が崩れ落ち、代わりに64.5メートルの塔が建てられました。ところが構造に万全を期したその塔も雷に打たれ、のちに修復がほどこされましたが、塔は傾いてしまいました。

尖塔は1973年に再建され、黄金の雄鶏がふたたび据え付けられま した。

聖ペトロ教会は、ソ連のもとで保護された数少ない教会のひとつです。コンサートホールや展示場として使われることもありました。

Skārņu iela 19

旧市街　026

17 DOME HOTEL&SPA
ドーム・ホテル&スパ

　にぎやかなドマ広場から歩いてすぐ。ホテルはリガ旧市街の閑静な通りにたたずみ、だれにも邪魔されることのない極上のリラックスタイムを用意します。

　風情ただよう建物は、17世紀に建てられたもの。美しく改装された中庭には緑のカーテンが広がり、客室ではリガの伝統と新しい要素がみごとな調和をみせています——天井は伝統の方法で彩色されているいっぽう、バスルームなどの設備は新調されました。このホテルにはひとつとして同じ部屋はなく、20の客室がそれぞれ個性を競います。

　小さなスパと美容室があるのも魅力です。また、屋上のサウナからは大聖堂のドームが一望できるでしょう。落ち着いた雰囲気の屋上テラスとレストランは、宿泊しなくても利用できます。

Miesnieku iela 4 ／ +371 67 50 90 10 ／ www.domehotel.lv

18 LE DOME
屋上のレストラン　レ・ドメ

　北国ラトビアでは、長い冬の合間に短い夏がおとずれます。屋外に出て夕涼みができる夏の日は貴重そのもの。そんなラトビアにあって、ドーム・ホテル＆スパの屋上レストランは珠玉のように輝きます。テラスに出て街を眺めれば、リガに対する見方がすっかり変わることでしょう。目のまえに広がる旧市街のパノラマ、夕日の光、リガ大聖堂をつたってくるそよ風の心地よさ、ゆったり置かれたテーブルのくつろいだ雰囲気、そして、すばらしい料理の数々。きのこと精白丸麦を使った料理はぜひお試しを。短い夏だからこそ、完璧に楽しみたいものです。

Miesnieku iela 4　/　+371 67 55 98 84　/　www.domehotel.lv

19 LAIPU IELAS 8 UN SĶŪŅU IELAS 9 PAGALMS
ライプ通りとシキューニュ通りの中庭

　ひょいっと飛び越えられそうな小さな中庭が、リガ旧市街の真ん中、ライプ通り8番地にあります。近くのリーヴ広場は観光客でにぎわいますが、この中庭を訪れる人はめったにありません。

　この隠れた中庭には、聖カテリーナ教会の祭壇の一部とフランシスコ派修道院の身廊の一部が中世からずっと息づいています。歴史遺産としても登録され、街でもっとも古い木枠の窓とともに歳を重ねています。

　シキューニュ通り9番地にあるビリヤードクラブでも、中世の教会のおもかげをたどることができるでしょう。中庭でひと息ついて、秘められた物語に思いを馳せてみては。

20 ラトビア国立交響楽団
LATVIJAS NACIONĀLAIS SIMFONISKAIS ORKESTRIS

　ラトビア国立交響楽団の願い──それは新しいヨーロッパ、つまり中央・東ヨーロッパを代表するオーケストラになること。1926年に創設され、世界じゅうから一流のソリストや指揮者をゲストに招き、年に60回ほどの公演をおこないます。

　ディレクターであり第一指揮者も務めるカレル・マルク・チチョンは、バロックから20世紀の古典まで広がるレパートリーを生み出しました。

　公演の多くは、旧市街の真ん中、グレード・ギルド・ホールの音楽堂でおこなわれます。

Amatu iela 6　/　+371 67 22 48 50
www.lnso.lv

21 RĪGAS MĀKSLAS TELPA
リガ・アート・スペース

　ここはアートの中心地。定期的に現代アートの展示会やレクチャーがおこなわれ、リガにとどまらず、バルト諸国を見まわしても1、2を争う活発な活動がくりひろげられています。

　バルト諸国や東ヨーロッパの作品を中心に展示をおこない、コンサートや文学、映画をめぐるイベントもひらかれます。

Kungu iela 3 / +371 67 18 13 30
11:00-18:00、月休 / www.artspace.riga.lv

22 MŪZIKAS UN INSTRUMENTU VEIKALS UPE
音楽と楽器の店ウペ

　旧市街にたたずむ小さな店。ラトビアの民謡から世界各地の音楽まで、市内一とも称されるレコードとCDの品ぞろえを誇ります。

　フレンドリーな店員さんが、気になるCDは試聴させてくれるでしょう。

　伝統的な楽器やおもちゃも取りそろえています。心のこもった手づくりの品々は、おみやげとしてもおすすめです。

Riharda Vāgnera iela 5 / +371 67 22 61 19 / www.upett.lv
月〜土10:00-21:00、日11:00-18:00

23 GALERIJA PUTTI
ギャラリー・プッティ

　プッティのいち押しは、ちょっとユニーク——アート・ギャラリーなのに展示されているのは宝飾品です。

　行き届いた空間演出、選びぬかれた洋服やアクセサリーとの相性もよく、宝飾品は完全な輝きを帯びています。

　金や銀、ルビーやサファイア、マンモスの歯やコクタンなどから作り出された宝飾品は、どれをみても飽きることがありません。

　ギャラリーのリラックスした雰囲気のなか、お気に入りのジュエリーを身につければ、しばし夢と想像の世界にまどろんでしまうことでしょう。

Mārstaļu iela 16　/　+371 67 21 42 29　/　www.putti.lv
月〜金10:00-18:00、土11:00-17:00、日休

24 RĪGAS SINAGOGA
リガ・ユダヤ教会

　第二次世界大戦後のソ連占領下で教会として復権をゆるされた数少ない礼拝堂のひとつ。市内唯一のユダヤ人礼拝堂であり、アールヌーヴォー様式の建築が圧倒的な存在感を放ちます。

　旧市街に姿を現したのは1905年のこと。当時主流の建築様式に、ヤシの葉やダビデの星といったエジプト建築の要素が融合されたようすがじつに優美です。

　ナチス占領下の1941年には、市内すべてのユダヤ礼拝堂が焼き払われました。不幸中の幸いというべきでしょうか、この礼拝堂だけは、旧市街への延焼の恐れから焼かれずに済みました。

　EUやラトビア政府、リガ市、その他の後援者から寄せられた資金をもとに、2009年までに大部分が修繕されました。

Peitavas iela 6/8

25 LATVIJAS OKUPĀCIJAS MUZEJS
ラトビア占領博物館

　20世紀のラトビアは混迷をきわめました。
　1939年に第二次世界大戦が始まると、独ソ不可侵条約の密約により翌40年にソ連へ併合され、41年から45年にはナチによる占領そしてホロコーストを経験、44年から45年にかけてソ連によって占領が進められ、ようやく独立を果たしたのは91年のことでした。
　そんな動乱の20世紀を記録するのが、この博物館です。
　独立直後の93年に建てられたこの博物館には、文書や写真、ポスター、シベリアへ追放された人が凍傷から身を守るために作ったマスクなどが展示されています。

Strēlnieku laukums 1 / +371 67 21 27 15
毎日11:00-18:00（5月～9月）
火～日11:00-17:00、月休（10月～4月）
www.omf.lv

035　旧市街

26 NATĀLIJA JANSONE
ナターリヤ・ヤンソネのファッションデザイン

　ラトビアのファッション界のスター、ナターリヤ。元モデルという華やかな経歴をもちながら、アジア研究に励むというアカデミックな一面もみせる彼女。学生時代はサンクトペテルブルグの大学で韓国の言語と文化を学び、その後ソウルにおもむき見識を深めたといいます。デザイナーとしてデビューを果たしたのは、1997年のこと。

　ナターリヤのデザインは、まるで俳句のよう。上品でエレガントなのに、どこか控えめ。それでいて五・七・五のルールは守る正確さ。自然素材にこだわったハンドメイドの洋服は、ラトビアと日本で手に入ります。

　街へくり出せば、「ナターリヤ・ファッション」を身にまとった人に出会うでしょう。リガで流行のカフェやレストランのユニフォームも彼女のデザイン。国立オペラの舞台衣裳やエア・バルチックの制服も彼女が手がけています。

Jāṇa iela 3
+371 67 22 24 50
www.natalijajansone.lv

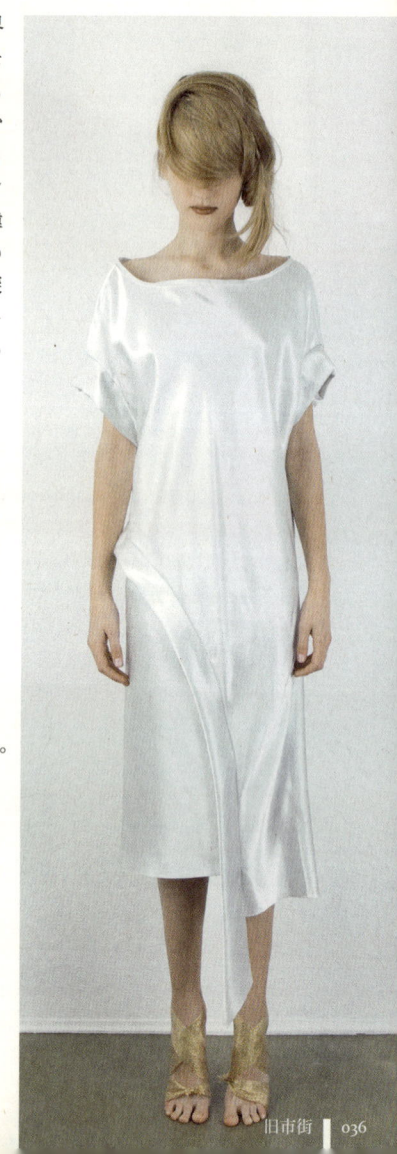

NABAKLAB
RADIO NABA KLUBS

27 NABAKLAB NAKTSKLUBS
ナバクラブ・ナイトクラブ

　クラブといえば、セクシーな女性？　おしゃれなアルコール？いえいえ、ここの常連は流行なんて気にしませんから、そんなことはお構いなしです。

　ナバ大学ラジオ放送局とガウヤ・カフェ・レコーディングスタジオが創設したナバクラブ。むき出しの壁に木造の梁、古き時代のリガをしのばせるエレベーター。古い建物をそのまま利用した内装を見るだけでも楽しめます。

　気の合う人とおしゃべりするのもよし、広い中庭で一服するのもよし。すべて自由です。

Zigfrīda Annas Meirovica bulvāris 12
水〜土12:00-5:00、日〜火12:00-2:00　/　www.nabaklab.lv
ナバ大学ラジオ放送局　93.1FM　/　www.naba.lv

旧市街

28 リガ・ブラック・バルサム
Rīgas Melnais balzams

ラトビアの酒といえば、リガ・ブラック・バルサム。おみやげとしても喜ばれるこのお酒、ソ連時代にはスプラット(ニシンのような小魚)やライマのチョコレートとならぶ名物として、よく外国へ持って行かれました。政治体制の変化にも負けることなく、その信頼を守りつづけたリガ・ブラック・バルサム。このユニークなお酒に使われる材料は、ハーブの葉や花など24種類。薬剤師であり鍛冶職人でもあったアーブラハム・クンゼが18世紀に作ったレシピを今も受け継いでいます。なにしろオーク材の筒の中でゆっくり寝かせたあと、土の容器に移して熟成させるんだとか。

このお酒にまつわる逸話を聞いたことがあるでしょうか。ロシアの女帝エカチェリーナ2世がリガを訪れたときのこと。具合の悪くなった女帝は、その魔法の飲み物を1杯飲みましたというから、さすがオシャレ上級者です。この逸話も手伝って、リガっ子は今も秋や冬になると、かぜの予防にこのお酒を飲んでいます。冬には、温かい黒ブドウのジュースやザクロシロップで割ったカクテルがおすすめです。ひとくち飲めば、この魔法のカクテルが体の芯までぽかぽかに温めてくれるでしょう。

29 ミトン
Dūraiņi

ずっと昔から、ラトビアのおしゃれは手先、足元まで抜かりありません。長い付き合いだからこそ、仲のよいときもあれば、ケンカをすることもあり、ラトビア人にとってミトンは単に手を温めるものではありませんでした。そ

ミトンの絵柄は、やさしくてほっこりするものばかり。「ウサギの足あと」「カラスの目」「ネコのしっぽ」「小さな十字架」など、同じ柄でも地域ごとに異なる名前が付けられています。

30 小石通り
Bruģakmens

リガの舗道でおなじみの丸い石。この石は500年も前から、リガっ子の暮らしを足元から見つめてきました。仲のよいとき地元っ子たちは、

丸石への愛情を込めて自分たちを「小石キッズ」なんて呼びます。
いっぽうケンカになるのは女性のヒールが石と石の間にひっかかってしまうようなとき。すると丸石が恨めしく思えたりするのです。
この丸石、かつてはリガ中心地のほとんどすべての通りに敷き詰められていたのだとか。

31 Latvijas nauda ラトビアの通貨

ラトビアの硬貨（ラット）は、とびきりユニークでキュートです。コウノトリや小さなアリ、マッシュルーム、そのほか煙突の掃除道具まで、さまざまなモチーフが硬貨に描かれ、世界じゅうのコレクターを魅了しています。
いっぽう紙幣には、国の起こりから、ヨーロッパの現代国家となった現代の

姿まで、ラトビアの生い立ちが印刷されています。

・堂々とそびえたつオークの木は、ラトビア人が先祖代々受け継いできた自然への愛を象徴しています。

・「運命の川」として崇められるダウガヴァ川の美しい姿。

・木造りの農舎は、農業とともに歩んできたラトビア人のルーツを思い起こさせてくれます。

・航海用の船舶は、貿易と商業の中心として栄えてきたラトビアの使命を表します。

・「ダイナスの父」として知られるクリシュヤーニス・バロンスは、ラトビア民謡の採集と文化保護に尽力した人物です。

・ミルダの愛称で親しまれているラトビア神話上の乙女は、自由を手に入れたラトビアの輝かしき歴史を現代の私たちに語り継いでいます。ミルダは自由記念碑の頂きで3つの星を高らかに掲げて優美に立っていることでも知られています。
こんにちラトビアの政治家の権威が低いせいかもしれません。
政治家が1人も登場しないわけは、

リガ市街 CENTRS

- 32 ライマ時計台
- 33 自由記念碑
- 34 ラトビア国立オペラ
- 35 ルカプカ
- 36 I・ヴェイヘルテのギャラリー
- 37 ギャラリー・リガ
- 38 国立美術館
- 39 V・プルヴィーティス
- 40 ギャラリー・パーク・ホテル
- 41 キリスト生誕大聖堂
- 42 エスパ・リガ
- 43 スカイライン・バー
- 44 ロー・ガーデン
- 45 スプレンディド・パレス
- 46 スタとベルツォヴァ博物館
- 47 アートフラット
- 48 アルベルタ・ホテルの屋上テラス
- 49 マダム・ボンボン
- 50 フォルブルグの中庭
- 51 ZOFA
- 52 エイゼンシュテイン父子
- 53 ヴィーナ・ストゥディヤ
- 54 医療史博物館
- 55 ロバートさんの本屋
- 56 ギャラリー・アルマ
- 57 エコプティック
- 58 レストラン・ヴィンセンツ
- 59 バルトの真珠国際映画祭
- 60 タカ・スパ
- 61 自然歴史博物館
- 62 パラディウム
- 63 イノセント
- 64 ヤーニャ・セータ
- 65 ベルガ・バザール
- 66 ホテル・ベルグス
- 67 ファーマーズ・マーケット
- 68 オゥトラー・エルパ
- 69 ビロユニーツァ
- 70 ガレージ
- 71 ウェールマネス庭園
- 72 サクタ・フラワー・マーケット
- 73 ビブリオテーカ・ナンバー・ワン
- 74 ラ・カンナ
- 75 クーコタヴァ
- 76 家庭用品の店リイヤ
- 77 ユマヴァ
- 78 ボネーラ
- 79 ミーイト
- 80 ファゼンダ
- 81 ウマミ
- 82 エドアルドス・スミルギス
- 83 新リガ劇場
- 84 テアートラ・バーのレストラン
- 85 古本の店プラネータ
- 86 イスタバ
- 87 カフェ・オシーリス
- 88 カフェ・ガウヤ
- 89 レストラン・ウズベキスタン
- 90 多目的空間ペールレ
- 91 フォルドライフ
- 92 アトリエ・ナチュラルズ
- 93 黒い敷居
- 94 ダイレス劇場
- 95 リガ第一病院
- 96 ヴィゼメ市場
- 97 ブテリヨン
- 98 カフェ・タカ
- 99 アラガツス
- 100 ゼストア
- 101 ダド
- 102 イルセウム
- 103 マーヤス・スヴェーティーバ
- 104 20世紀
- 105 リエリエ・カピ
- 106 マレウンロルス
- 107 ヴェフ
- 108 古書の店ウェーストゥレ
- 109 サプニュ・ファブリカ
- 110〜114 コラム

アンドレイサラ

ヴァンシュ橋
ダウガヴァ川
アクメンス橋

旧市街

モスクワ郊外

Eksporta iela
Ropniecības iela
Pulkveža Brieža iela
Hanzas iela
Skanstes iela
Stabu iela
Bruņinieku iela
Miera iela
Senču iela
Matīsa iela
Tērbatas iela
Tallinas
Elizabetes iela
Lāčplēša iela
Ģertrūdes iela
A. Čaka iela
Valdemāra iela
Brīvības iela
Avotu iela
Satekles iela

リガ市街 CENTRS

ヨーロッパの町の例にもれず、リガにも街のなかの街、とりわけホットな場所というのがあります。リガっ子に聞けば、だれもが案内してくれることでしょう。「ほら、この道沿いを1、2ブロック行ったあたりよ」というふうに。

パールダウガヴァの住人は「川の左岸こそ真のリガなんだ」と自慢げにいうでしょうし、工業地帯で育った人なら「西はチャッカ通り、南はタリナス、東はヴァルデマーラ、北はアスパジアス大通りまで広がる工場街こそがリガの中心よ」と言い張るかもしれません。

リガ市街──ここには19世紀から20世紀初頭の建築がたちならび、劇場や映画館、名だたる美術館や名門校がひしめきます。

小さなガイドブックには載りきらない店もたくさん。

つまりは、リガのおいしいとこ取りができるということです。

見どころたくさん、楽しさいっぱい、おまけにエネルギッシュ。

リガ市街はずっと色あせません。

32 LAIMAS PULKSTENIS
ライマ時計台

ライマの時計台に集合ね——。自由記念碑の近くに立つ柱時計は、1924年以来ずっとリガっ子の待ち合わせを見守ってきました。人気の洋菓子店ライマのロゴが柱時計につけられたのは1930年代のこと。この先も、時計台のもとで無数のドラマがうまれることでしょう。

33 BRĪVĪBAS PIEMINEKLIS
自由記念碑

リガいちばんの皮肉屋さんも、自由記念碑を前にすれば、ひざまずき祈りをささげることでしょう。碑の土台には、「祖国と自由に」を意味するメッセージが刻まれています。かつてソ連がこの碑を破壊しようとしたことがありました。ザーレの弟子であり、ロシアの高名な彫刻家ウェラ・ムクヒナがその芸術的価値を指摘したことで、碑はその危機から救われました。

碑の構想は、1920年にさかのぼります。数ある候補からカールリス・ザーレのアイデア《星のように輝く》が選ばれました。記念碑の土台部分では、赤褐色と灰色の花崗岩からなる13の彫刻群がラトビアの歴史と文化を表現しています。大理石でできた高さ19メートルのオベリスクのてっぺんに、銅製の女性像が立っているのが見えるでしょうか。彼女（ミルダ）が掲げる3つの星は、《革命》

碑の建造費は、すべて国民の寄付によってまかなわれました。

ソ連占領時代はもちろん、供えものをささげることも厳しく禁じられました。しかし1987年6月14日、人権団体ヘルシンキ86により、シベリア強制追放の犠牲者をいたむ追悼式がおこなわれ、碑に注目が集まっていた衛兵がふたたび配置され、ここはソ連支配に対する拠点となり、ここを中心に平和的な《歌の革命》がおこなわれました。

1991年にラトビアが独立を回復すると、1940年以来廃止されていた衛兵がふたたび配置され、こんにちでは各国の来賓がラトビア大統領とともに自由記念碑を訪れ、花輪をささげています。

リガ市街 | 044

34 LATVIJAS NACIONĀLĀ OPERA
ラトビア国立オペラ

　その建築の価値からも、そこに花ひらく文化をみても、国立オペラはラトビア史上もっとも輝かしい業績といえるでしょう。1918年に完成したこの劇場は、その白い外観から「ホワイトハウス」の名で親しまれてきました。

　すばらしい舞台設計も手伝い、その質の高い演出は世界じゅうの注目を集め、名だたる指揮者やソリストが客演を果たしています。

　その格式の高さとは裏腹に、観客席をうめつくすのはリガの若者たち。若い世代が支持する歌劇場というのは、ヨーロッパじゅうを見まわしてもめずらしいことでしょう。

Aspazijas bulvāris 3
+371 67 07 37 77
www.opera.lv

045 | リガ市街

35 本とデザインの店ルカブカ
LUKABUKA

おしゃれなリガっ子御用達の書店。アートやデザイン、ファッション、建築にかんする本が充実しています。そのほか古典文学や音楽書も扱います。

出版物だけでなく、ラトビアの最新のプロダクトデザインも取りそろえます。リヤダ社の知育おもちゃなど、めずらしい贈りものが見つかるでしょう。

オペラ店　Aspazijas bulvāris 3　/　+371 67 22 99 67
月〜土10:00-19:00、日11:00-19:00
リイヤ店　Tērbatas iela 6/8　/　+371 67 22 39 94
月〜金10:00-19:00、土10:00-17:00、日休
www.lukabuka.lv

36 IVONNAS VEIHERTES GALERIJA UN GALERIJA 21
イヴォンナ・ヴェイヘルテのギャラリー

　国立劇場の目と鼻の先、ひとつの建物に2つのギャラリーがあります。

　ギャラリーのオーナー、イヴォンナ・ヴェイヘルテさんは20年にわたり、リガのアート界を先導してきた人物。同時代のラトビア人芸術家の作品を中心に、ヴィルヘルムス・プルヴィーティスやヤーニス・ヴァルテルスなどの古典作品まで幅ひろく展示します。オークションも定期的におこなわれます。

　いっぽう近年新設されたギャラリー21は、もっぱら新しい作家と作品を扱います。バルト諸国の現代アーティストの作品を常設しているのは国内でもここだけです。

Zigfrīda Annas Meirovica bulvāris 6-1
+371 67 32 53 86　/　月〜金12:00-18:00、日12:00-16:00
www.veiherte.lv
www.galerija21.lv

37 GALERIJA RĪGA
ギャラリー・リガ

　市内でもっとも大きく、もっとも名高いアート・ギャラリー。絵画やグラフィックアートのコレクションも市内屈指とうたわれ、国際的なアートプロジェクトにも精力的に参加しています。

　立地も抜群——1992年に設けられたこのギャラリーは、まさにリガの中心に位置します。近くには自由記念碑があり、国立オペラがあり、そのほか多くの観光名所もあります。

　ギャラリーをふくむ建物は、ラトビアの美術界にとって記念すべき場所といえます。20世紀初頭、ここはラトビアにモダニズムを持ちこんだ画家ヤーゼプス・グロスヴァルドスの父親の屋敷でした。小説家や音楽家、芸術家など各界の著名人が彼のサロンに集ったといわれています。

Aspazijas bulvāris 20　/　+371 67 22 58 87
火～金12:00-18:00、土12:00-16:00　/　www.riga-gallery.com

38 LATVIJAS NACIONĀLAIS MĀKSLAS MUZEJS
ラトビア国立美術館

　まるでお城に招かれたように、豪華な階段を一歩ずつ上へ、上へ。歴史の重みを感じさせるドアが見えてきたら、美術の世界はもう目前。ラトビア国立美術館は、ロシアの支配下にあったバルト地域で初めて建てられた美術館でした。

　美術館を設計し初代館長を務めたのは、ウィルヘルム・ニュウマン。バルト系ドイツ人建築家であり、芸術作品のコレクターとしても知られた人物です。

　しかし、1920年代から1940年代初頭にかけての美術館の発展は、ラトビアの高名な画家であり教育者でもあったヴィルヘルムス・プルヴィーティスを抜きにして語れません。彼は館長在任中、ラトビア絵画の収集に奮闘しました。

　コレクションは、18世紀から20世紀初頭のロシア美術など約5万2000点。前衛的な構造主義者であるグスタフ・クルツィスや神秘主義者のニコライ・リョーリフの作品は必見です。2つのホールでおこなわれる特別展にも、ぜひ足を運んでみてください。

Kr. Valdemāra iela 10a
+371 67 32 50 51
毎日11:00-17:00、金11:00-20:00、火休
www.lnmm.lv

049　リガ市街

39 VILHELMS PURVĪTIS(1872-1945)
ヴィルヘルムス・プルヴィーティス

　ラトビア風景画の基礎を築いた画家ヴィルヘルムス・プルヴィーティス。ラトビア人ならだれもが知っている国民的画家といえるでしょう。ラトビア美術院を創設し、初代学長も務めました。

　彼は学生時代、サンクトペテルブルグの美術院で風景画を学び、1897年に首席で卒業すると、雪景色を描く達人として、ヨーロッパのみならず世界じゅうでその名が知られるようになりました。

　彼の風景画を見れば、ラトビア人がどのように景色をながめているのかよくわかります。彼の《春の水》《冬》《春の時》は、まさに風景画のキャノンといえるでしょう。彼の絵は、国立美術館に常設されています。

リガ市街

40 GALLERY PARK HOTEL
ギャラリー・パーク・ホテル

　ここ数年で、もっとも待望されたプロジェクト——フランス料理界きっての大スター、アラン・デュカスひきいるシャトー&ホテル・コレクションのホテルが、リガにお目みえしました。

　ラトビア芸術院の真正面、1875年築の古い建物に、ナポレオン3世時代の装飾とモダン・デザインという2つの世界がまじり合います。

　ロビーには、ル・コルビュジェの革のソファーが置かれ、ワイナリーの木製ドアは建物と同じ1875年築のフランスの古城で使われていたもの。そのほかアンティークの家具や調度品は、ヨーロッパ各地のオークションで集められたそうです。

Kr. Valdemāra iela 7 / +371 67 33 88 30
www.galleryparkhotel.lv

41 キリスト生誕大聖堂
RĪGAS KRISTUS PIEDZIMŠANAS PAREZTICĪGO KATEDRĀLE

バルト地域最大の規模を誇るロシア正教の教会。ロベルト・プフラグにより設計され、1876年から84年まで建設には8年を要しました。

折衷様式に着想をえた近代ビザンツ様式の大聖堂と5つのドームからなる教会は、黄色いレンガが特徴です。高さ43メートルの鐘楼は、1880年にプフラグによって付け加えられたもの。鐘楼のために皇帝アレクサンドル2世から12個の鐘が授けられました。

皮肉なことに、この鐘楼がのちに大聖堂の閉鎖をまねくことになります。時は1963年、ソ連の文化大臣エカチェリーナ・フルツェヴァがイースターの祝日にリガを訪れたとき、鐘の音色に嫌悪感を抱いてしまったのです。鐘楼は撤去され、十字架は切り落とされ、室内はめちゃくちゃに破壊されました。やがて、鐘を力ずくで切り落とした男が死んだといううわさが広まりました。

そして大聖堂はプラネタリウムに変えられ、科学展や講演の場として親しまれるようになりました。ソ連占領時代、知識人や反乱をくわだてるボヘミアンが集まる場として知られたカフェ——通称「神の耳」もここにありました。

修復作業が始まったのは1991年。ラトビアが独立し、大聖堂がギリシャ正教会としての役割を回復した年のことです。翌92年に塔の内部から2つの鐘が発見されます。残る10個の鐘は、のちに贈呈されたものです。

こんにち大聖堂は、かつての壮麗さを取り戻し、街でもっとも人気のある礼拝場のひとつとなっています。

Brīvības bulvāris 23

リガ市街 052

42 ESPA RĪGA
スパ エスパ・リガ

　洗練されたアールヌーヴォーの建築とモダンな内装——人気のスパチェーン《エスパ》では、疲労回復にきくトリートメントを取りそろえています。

　本日は定番のマッサージで疲れをもみほぐしましょうか。体調に合わせて、アンバー・クリスタル・チャクラ・バランシングや90分間のストレス解消スパも選べます。

　大空にひらけた屋上プールで大きなのびをすれば、水のセラピー効果で身も心もリフレッシュすることでしょう。

Baznīcas iela 4a　/　+371 67 71 52 22
毎日7:30-22:30　/　www.espariga.com

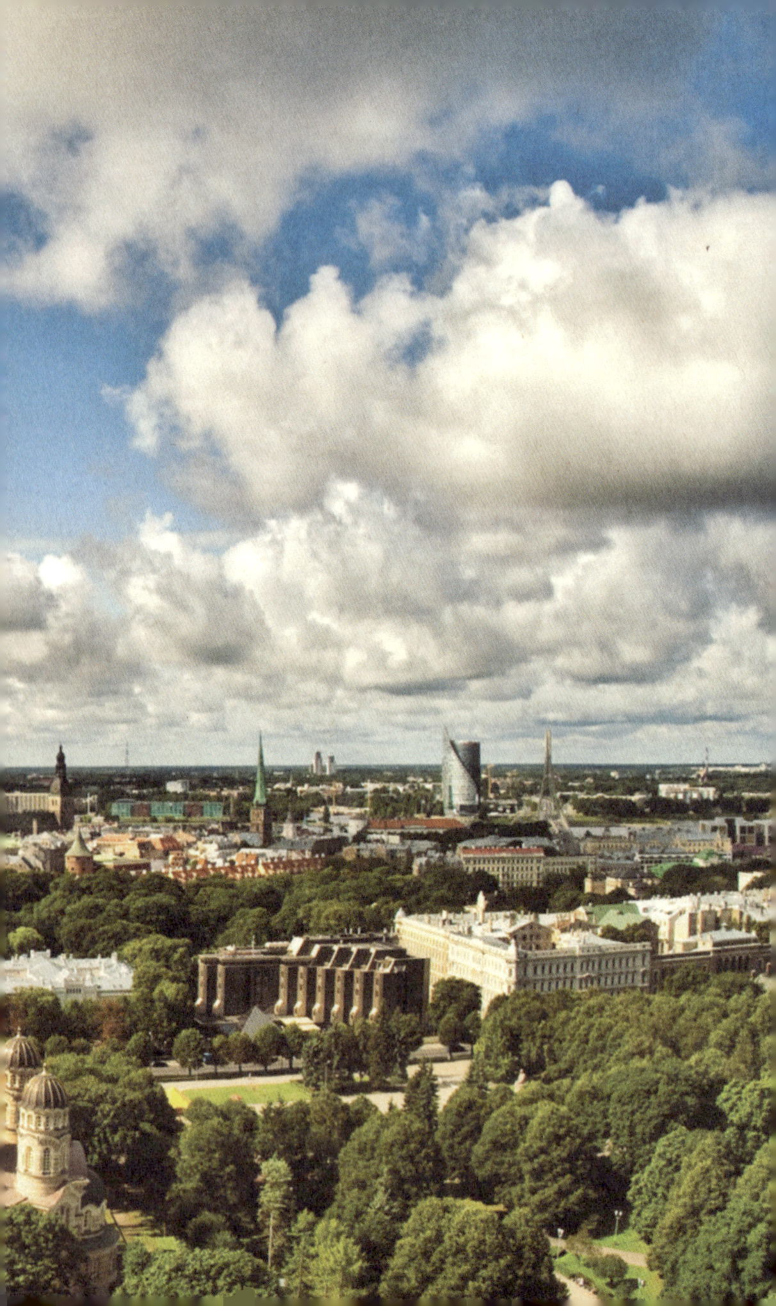

43 BĀRS SKYLINE
スカイライン・バー

　ご覧ください、このパノラマ。レヴァル・ホテル・ラトビアの26階から市内を一望できる人気スポット、スカイライン・バー。

　息を飲むような緑の並木の美しさは、バーに寄りかかって眺めれば格別です。

　窓に面した席はみんなが狙っているから、少し待たされるかもしれません。

　席が取れたら、リガの大空を背景に美しい自然と建築物の大パノラマを心ゆくまで堪能できるでしょう。

Elizabetes iela 55/+371 67 77 22 22
月〜木16:00-2:00、金・土15:00-4:00、日15;00-2:00 / www.revalhotels.com

44 RAW GARDEN
ロー・ガーデン

リガに初めてお目みえした「ロー・イーティング（食材を生で食べること）」のレストラン。メニューはすべて新鮮でヘルシー。それもそのはず、なんといっても「生きている」食材ばかりですから。ロー・ガーデンの料理は、油の熱を加えることも煮込むこともせず、食材本来のビタミンや栄養分を失わないよう仕上げられます。季節によってメニューは変わり、ほぼすべての食材が国内の有機農園から届けられています。

もちろん、グルメもうなる本格的な食事も楽しめます。アイデアゆたかなコックたちがつくりあげる料理の数々は、味覚・色彩・見映えの三拍子がそろい、「ロー・イーティング」の無限の可能性を感じさせてくれることでしょう。

Skolas iela 12 / +371 22 30 22 96
月～金8:30-21:00、土12:00-21:00、
日11:00-19:00 / www.rawgarden.lv

45 KINOTEATRIS SPLENDID PALACE
映画館スプレンディド・パレス

　街のちょうど真ん中に位置し、映画の上映だけでなく、バレエやオペラの公演や、映画祭や講演会もひらかれます。

　「スプレンディド・パレス＝豪華な建物」とうたわれるその内装は、近年の修復作業のおかげで、ロココ様式の壮麗な姿と輝きを取り戻しました。

　体制の劇的な変化に見舞われながらも、1923年からずっと映画を上映してきたこの劇場では、1929年に国内で初めてのトーキーも上映されました。

　リガっ子たちには、キノ・リガという以前の名称のほうがなじみ深いかもしれません。

Elizabetes iela 61
+371 67 18 11 43
www.splendidpalace.lv

46 ROMANA SUTAS UN ALEKSANDRAS BEĻCOVAS MUZEJS
ロマンス・スタとアレクサンドラ・ベルツォヴァ博物館

　アパートの一室の美術館。ここにはかつて、高名な画家ロマンス・スタとアレクサンドラ・ベルツォヴァ、そして彼らの娘で美術史家のタトヤナ・スタが暮らしていました。

　1920年代から30年代にかけて、夫ロマンスと、彼と同じく才能にめぐまれたロシア生まれの妻アレクサンドラは、このアパートで芸術家や知識人たちの集会を盛んにひらきました。

　両親の遺志にしたがい、娘のタトヤナはこのアパートを国立美術館に寄贈し、彼女自身も2004年になくなりました。

　夫と妻、2人のアーティストがデザインし、名高きバルタルス工房で丹念に形づくられた陶芸品の数々は、手に取ってみることもできます。

Elizabetes iela 57a-26　/　+371 67 28 88 00
水・金・土・日11:00-18:00、木11:00-19:00　/　www.lnmm.lv

47 ホテル　アートフラット
ARTFLAT

　ユーゲントシュティール（アールヌーヴォー）様式の建物が美しいアルベルタ通りに面する、リガでいちばんユニークなホテル。

　ただのホテルと思いきや、本と美術の歴史をめぐるアトリエ・ギャラリーも兼ねています。

　当ホテルを始めたのは、インガ・エグリーテさん。こども向けの本の出版社 ArtDuce の代表であり、グラフィック・デザイナーとしても、絵本の作家としても知られます。

　空間の心地よさはもちろん、そこにこめられる心も大切にしているせいでしょうか、ともかく居心地のよい場所としてリガっ子にも人気です。

Alberta iela 12　/　+371 29 80 58 68
www.artduce.com

48 ALBERTA VIESNĪCAS JUMTA TERASE
アルベルタ・ホテルの屋上テラス

　夏の暖かな夕暮れどきには、アルベルタ・ホテル11階の屋上テラスへ出かけましょう。夕日の傾きにつれてさまざまな色で彩られる美しいリガの街並みを心ゆくまで楽しめることでしょう。

　夏でなければ暖かい服装でどうぞ。日が沈むすこし前に待ち合わせをするのがおすすめです。沈みゆく夕日を見ながら、とびきりロマンティックな時間が待っています。

Dzirnavu iela 33 / +371 67 14 27 49
月～木15:00-1:00、金・土15:00-2:00
www.alberthotel.lv

リガ市街　060

49 MADAM BONBON
マダム・ボンボン

　マダム・ボンボンは靴に首ったけ。朝から晩まで靴に夢中です。彼女のサロンは、リガのエクスクルーシヴなファッションシーンで引っ張りだこ──リガいちばんのおしゃれ地区、アルベルタ通りの一等地、アールヌーヴォー様式のアパートに彼女の夢の世界が広がります。

　アールデコの調度品、1950年代のランプ、アンティークのストーブや、19世紀のゆったりとした長イス……それでも、やはり靴が主役です。

　テーブル、窓枠、ピアノの上、使い古しのスーツケースの中、スウィーツを乗せるトレーにまで、部屋じゅうに靴が飾られています。

Alberta iela 1-7a　/　+371 20 22 22 35
月〜金11:00-19:00、土11:00-15:00　/　www.madambonbon.lv

061　リガ市街

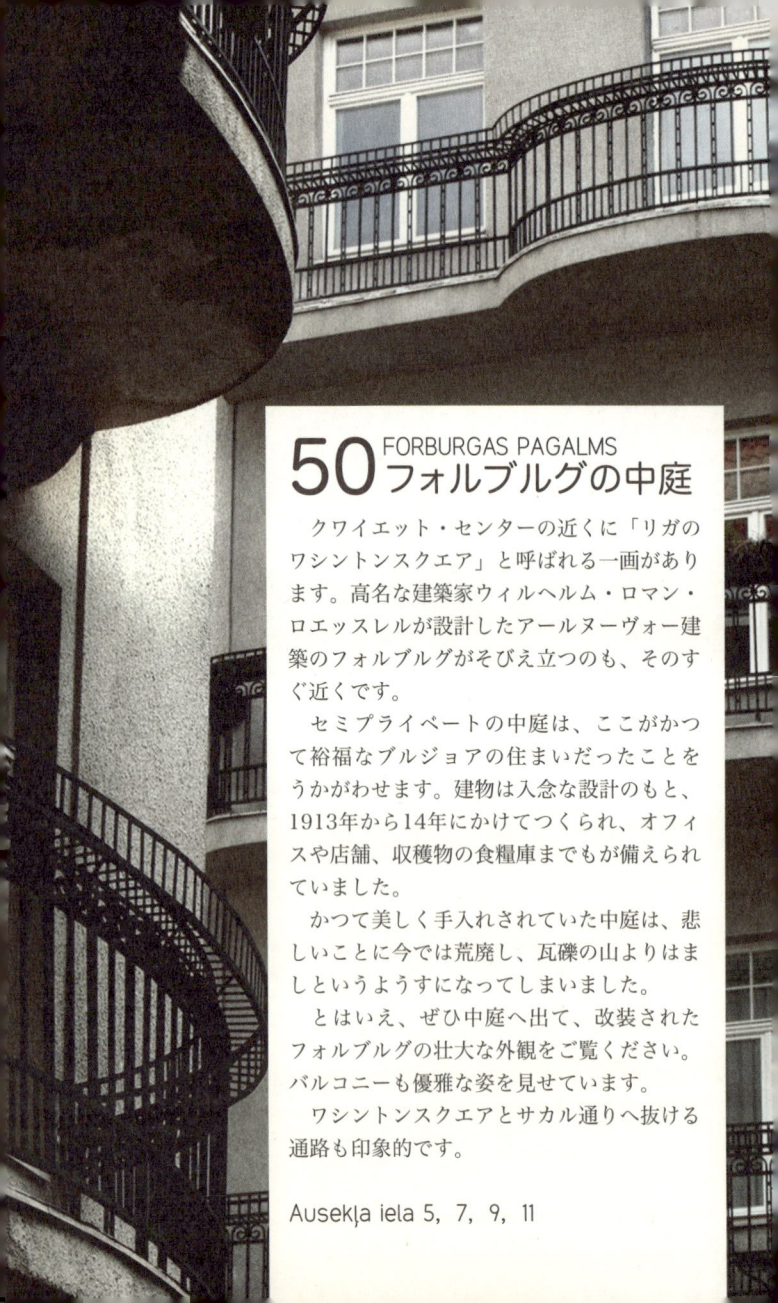

50 FORBURGAS PAGALMS
フォルブルグの中庭

　クワイエット・センターの近くに「リガのワシントンスクエア」と呼ばれる一画があります。高名な建築家ウィルヘルム・ロマン・ロエッスレルが設計したアールヌーヴォー建築のフォルブルグがそびえ立つのも、そのすぐ近くです。

　セミプライベートの中庭は、ここがかつて裕福なブルジョアの住まいだったことをうかがわせます。建物は入念な設計のもと、1913年から14年にかけてつくられ、オフィスや店舗、収穫物の食糧庫までもが備えられていました。

　かつて美しく手入れされていた中庭は、悲しいことに今では荒廃し、瓦礫の山よりはましというようすになってしまいました。

　とはいえ、ぜひ中庭へ出て、改装されたフォルブルグの壮大な外観をご覧ください。バルコニーも優雅な姿を見せています。

　ワシントンスクエアとサカル通りへ抜ける通路も印象的です。

Ausekļa iela 5, 7, 9, 11

51 ZOFA
ZOFA

　風変わりな靴。最小限のデザインでつくられるZOFAの靴は、堂々とした歩き方が似合います。

　「景気はよくないけれど、元気を出そう」という呼びかけのもと生まれた靴のオリジナル・ブランドは、いまラトビアのデザイン界でもっとも注目される存在です。

　ZOFAを立案したのは、建築家のエリーナ・ドベレさん。機能的でありながら、理想的な構造・形・素材が靴として実を結んでいます。

Antonijas iela 22　/　+371 29 11 12 17
月〜金11:00-19:00、土11:00-15:00、日休
www.zofa.lv

52 DIVI EIZENŠTEINI
エイゼンシュテイン父子

細部にまで技巧が凝らされたアールヌーヴォーの建物は、職工であり建築家でもあったミハイル・エイゼンシュテイン（1867〜1921）がつくりあげたもの。彼は生涯「気の狂ったケーキ屋」として笑いものにされました。

世界じゅうを震撼させた映画「戦艦ポチョムキン」の監督として名高い、彼の息子セルゲイ（1898〜1948）は、ロシア帝政下の国際都市リガで育ちました。才能に恵まれた少年は、絵を描き、ドイツ語・ロシア語・フランス語を駆使して飽くことなく本を読んでは、懸命に世界を理解しようとしました。セルゲイは1915年に故郷リガをたち、サンクトペテルブルグで建築を学びます。そして映画界の偉大な改革者としての運命をたどりました。

父と息子、2人のエイゼンシュテインの関係は、よくある世代間の対立を反映するものでした。息子セルゲイは、学者ぶった父の性格やその荘重な建造物をばかにしていましたし、子どものころ味わった寂しさや孤独感を許すことはありませんでした（その時代にはめずらしく彼の両親は離婚していたのです）。同じように父ミハイルも、息子の革命への情熱を理解することはありませんでした。

クリシュヤーニャ・ヴァルデマーラ通り6番地にある小さな飾り板には「ソ連の映画監督セルゲイ・エイゼンシュテイン ここに暮らす」と記されています。

リガ市街 064

53 VĪNA STUDIJA
ワイン工房ヴィーナ・ストゥディヤ

　ワイン通たちはこの店を「まぎれもないアートギャラリー」といいます。それもそのはず、世界各地から取りそろえたワインは500種を数え、バーでワインを楽しむこともできます。

　店内は、なかなかしゃれていますが、気取ったようすはありません。壁にワインがずらりと並び、黒板には最近のおすすめが書かれています。グラスで試飲できるワインは40種類あり、常にローテーションで変わります。バーでは、3.99ラッツ（約600円）の抜栓料で店内のボトルを飲むこともできます。飲みきれなかったボトルは、キープするもよし、持ち帰るもよし、わがままに応えてくれます。

Elizabetes iela 10 / +371 67 28 32 05 / www.vinastudija.lv
店：毎日10:00-22:00
バー：月〜木12:00-24:00、金・土12:00-1:00、日12:00-22:00

54 PAULA STRADIŅA MEDICĪNAS VĒSTURES MUZEJS
パウルス・ストラディンシュ医療史博物館

　知る人ぞ知る博物館の豆知識。所蔵数世界３位を誇る医療史の博物館がリガにあることをご存知でしょうか（ちなみに１位と２位は、ロンドンとワシントンDCにあります）。

　創設者のパウルス・ストラディンシュ教授は、ラトビア史上もっとも重要な医師といわれます。博物館は1957年につくられ、現在19万9000点におよぶ展示品を所蔵しています。

　人体の秘密も楽しく学べます。特別に作られた原寸大の人体模型は、各部位に解体できるほどの精巧さ——心臓をとりだし、頭がい骨をひらき、筋肉や骨、腱をとりはずしてみることもできます。これほど好奇心をそそる授業が今まであったでしょうか。

　夢中で過ごして帰るころには、医学博士になった気がするかもしれません。

Antonijas iela 1　/　+371 67 22 26 65　/　www.mvm.lv
火・水・金・土11:00-17:00、木11:00-19:00、日・月休
毎月最終金曜は休館

55 ROBERT'S BOOKS ロバートさんの本屋

　クワイエット・センターの一画、アルベルタ・ホテルの真向かいにある古書店は、英語で書かれた古本を扱います。どの本も1ラットから5ラット（約150円から750円）と手ごろです。CDやDVDも格安で手に入り、Wi-Fiも1ラット（約150円）で一日じゅう使えます。

　創業者のロバート・コトレルさんは、かつてエコノミスト誌やフィナンシャルタイムズ紙のモスクワ通信員として働き、「ニューヨークタイムズ・リヴュー・オブ・ブックス」にも書評を寄稿しています。

Antonijas iela 12
月～金10:00-19:00、土12:00-17:00、日休
www.robertsbooksriga.com

56 GALERIJA ALMA
ギャラリー・アルマ

　ギャラリー・アルマは、リガのアートシーンに欠かせない存在として注目を集めています。目玉は、所属の画家たちを中心とするラトビアの現代アート。作品のディスプレイなど、細部にまで目の行き届いた演出が人気の理由です。

Rūpniecības iela 1 ／ +371 67 32 23 11
月〜金12:00-18:00、土・日のみ要予約
www.galerija-alma.lv

57 ECOBOUTIQUE
エコブティック

　天然素材のコスメやラトビア製のエコグッズをお求めなら、ぜひこちらへ。
　人気のマダラのコスメ、若い職人がデザインしたジュエリー、リンネルのバッグや子ども服から家庭用品まで、地元ラトビアでつくられた品々が人気です。

Elizabetes iela 25
+371 67 32 24 00
月〜金10:00-19:00、土11:00-16:00
www.ecoboutique.lv

58 RESTORĀNS VINCENTS
レストラン・ヴィンセンツ

　ヴィンセンツが「最高のレストラン」の称号を与えられるまでに、ほとんど時間はかかりませんでした。人から人へたちまち話題になり、名声は世界じゅうに広がっています。リガNo.1レストランがどこかと問われれば、リガっ子は口をそろえ「ヴィンセンツに決まっているさ」と答えることでしょう。エルトン・ジョンやチャールズ皇太子から、日本の天皇陛下までここを訪れた著名人は数えあげれば切りがありません。

　純粋に食事を楽しんでほしいと願うオーナーの計らいで、店内は洗練されつつ控えめな内装となっています。

　料理長は、ラトビア料理界を引っぱるマールティニュシュ・リーティニュシュさん。スローフードムーブメントの火付け役としても知られ、食材へのこだわりはだれにも負けません。地場の食材を使ったラトビア伝統のレシピに、世界各国の料理からのアイデアをとりいれて、そのコラボレーションがなんとも絶妙です。

　リーティニュシュさんは、料理界のさまざまな壁を取り払い、「おいしいものを食べる極上の喜び」を私たちに思い出させてくれました。シェフの料理は地元の農家がレストランのために育てた旬の食材を使うため、毎週メニューが変わります。夏のあいだは夜風が心地よいテラス席が人気です。

Elizabetes iela 19 ／ +371 67 33 28 30
月〜土18:00-22:00　www.restorans.lv

リガ市街　070

59 バルトの真珠国際映画祭
BALTIJAS PĒRLE

　アルセナールズ国際映画祭とならぶリガの二大映画祭として知られるのがバルトの真珠国際映画祭（バルティヤス・ペールレ）。初めは女優マリナ・リプチェンコが招待する映画スター（ジーナ・ロロブリジーダ、アラン・ドロンやカトリーヌ・ドヌーヴ）を称えるためのイベントでした。しかしこんにち、映画祭は「映画」そのものにフォーカスし、より深化しつつあります。古典作品の再上映や回顧特集などプログラムにも工夫が見られます。

　カンヌやベルリン、ヴェネツィアなどヨーロッパ各地の映画祭の受賞作品を上映するのも人気の理由です。ヨーロッパの映画王座決定戦を勝ち抜いたお宝作品が集まる最高の舞台──秋が訪れたら、バルトの真珠国際映画祭へ出かけましょう。

www.balticpearl.lv

60 TAKA SPA
タカ・スパ

　ラトビア語で「細い道」を意味する「Taka」という名のスパは、クワイエット・センターにたたずむ隠れたオアシス。装飾は控えめですが、サービスは最高です。からだの調子に合わせ、とっておきのプランを提供してくれることでしょう。

　エレミスのエッセンシャルオイルとコスメを全身に使用する体験は、なんとも贅沢。そのうえ、クレンジング効果と若返りの効果で名高いバルト海の泥パックも体験できるというわけで、海外からの旅行客にも人気です。

　からだのメンテナンスを終えたら瞑想スペースへどうぞ。地場産のハチミツやハーブティーでひと息ついて、生まれ変わった肌の余韻を心ゆくまでお楽しみください。

Kronvalda bulvāris 3a　/　+371 67 32 31 50
月〜金10:00–21:00、土10:00–19:00、
日10:00–17:00　/　www.takaspa.lv

61 LATVIJAS DABAS MUZEJS
ラトビア自然歴史博物館

　ラトビア自然歴史博物館は天然記念物の宝庫。クマやネズミの親子、かわいい赤ちゃんライオンにも出会えます。地震を模擬体験することも、実物大の恐竜模型を間近で見ることもできます。

　季節の植物展もひらかれます。秋にはラトビアの森で育った、たくさんのキノコが展示されることでしょう。

Kr. Barona iela 4　/　+371 67 35 60 23
水・金10:00-17:00、木10:00-19:00、月・火休、
土・日11:00-17:00　/　www.dabasmuzejs.gov.lv

リガ市街

PALLADIUM

62 MUZIKĀLAIS KLUBS PALLADIUM
コンサートホールとクラブ　パラディウム

　マリヤス通り21番地にあるアールヌーヴォー様式の建物は、建築家エドガルス・フリゼンドルフとオト・ランツキスによって設計され、1913年にパラディウムという映画館がオープンしました。旧ソ連じゅうでもっとも近代的な映画館とうたわれ、映画好きのリガっ子たちが集う映画界の中心でした。

　20世紀のあいだに、家主がたびたび代わり、火災にも見舞われ、近年は見すてられていましたが、2011年にようやく、コンサートホールとクラブとして復活しました。

　復活した建物は、50年代から80年代の映画黄金時代の雰囲気を再現しています

Marijas iela 21（入口はPērses ielaから）
+371 67 28 45 16　/　www.palladium.lv

63 INNOCENT
イノセント

　イノセントで忙しい日常生活から離れてみましょう。店に入ったら、まずコーヒーの木に手を触れてみます。それから香りよく淹れられた熱いコーヒーのカップを手に、カフェラテ色のテーブルとコーヒーを思わせる濃い茶色の椅子に身を任せれば、そこはもうコーヒーの世界です。ラトビアでいちばんコーヒーにくわしい人、イングマールス・ゼニスさんが店を営みます。

Blaumaṇa iela 34-1a　/　+371 26 10 65 05
月～水9:00-21:00、木・金9:00-23:00、土10:00-23:00
日10:00-15:00　/　www.innocent.lv

64 KARŠU VEIKALS JĀŅA SĒTA
地図の店ヤーニャ・セータ

特殊な地図と紀行文学がそろう地図専門店へようこそ。
　ここに来れば、世界各地のあらゆる地図が見つかります。どんなにわかりづらい路地裏だってお任せあれ。
　興味本位で遊びに来てもよし、自分の家系図を探ってみるのもいいかもしれません。
　そのほかCDや電子地図、ビデオ、DVD、GPS関連のアイテムも手に入ります。

Elizabetes iela 83/85, k. 2　/　+371 67 24 08 94
月〜金10:00-19:00、土10:00-17:00、日休
www.karsuveikals.lv

65 BERGA BAZĀRS
ベルガ・バザール

ベルガ・バザールの街並は、19世紀末に形づくられました。北方の田舎町からクリスタプス・カルニンシュスと名乗る男がリガにやってきます。彼はリガに着くと、当時貿易と産業を支配していたバルト系ドイツ人にあやかって、ドイツっぽくベルグスと改姓しました。そして彼は成功をおさめ、丘(カルニンシュ)から山(ベルグス)になったのです。

当時パリで人気を博したパサージュやギャラリー(回廊をもつ建物)から想をえたバザールの建設には、1887年から足かけ13年の年月を要しました。今でこそ時の流れと環境が織りなす珠玉のような場所になっていますが、当時、一帯には菜園やキャベツ畑が広がっていました。

131の店舗を擁し世紀の変わり目にオープンしたバザールは、給油ポンプや下水式トイレなどの近代設備をそなえ、たちまち田園と都市がまじり合う交易の中心地になりました。

そんなバザールも、2度の世界大戦と、ソ連占領による被害を免れることはありませんでした。

リノベーションが始められたのは1993年のこと。人と人がふれ合う、すましていながら人懐っこい場所としてよみがえりました。

バザールの復活は、21世紀の世界都市としてよみがえったリガを象徴しているといえるでしょう。

www.bergabazars.lv

66 VIESNĪCA BERGS
ホテル・ベルグス

　2つの歴史的建物からなるホテル・ベルグスは5つ星に輝き、あざやかで上品。修復を重ねるたびに深まりゆくその風情は、過去から現在にいたる時の流れを思わせます。

　内装をみれば、ラトビア巨匠の作品とアフリカの彫刻、モダンな家具とアンティークの数々、オーク材とリンネルの織物がみごとになじんでいます。スイートルームには舞台美術やグラフィックアートで有名なイルマールス・ブルムベルグスの作品が飾られ、同じく彼の設計による噴水は、かつて給油ポンプがあった中庭に魅力を添えています。

　各部屋に備えられた本や音楽のコレクションにもセンスが光ります。

　スタジオや最上階のスイートルームを合わせ全38室。リガでいちばんおいしいと評判の朝食もおすすめです。

Elizabetes iela 83/85
+371 67 77 09 00
www.hotelbergs.lv

67 TIRDZIŅŠ BERGA BAZĀRĀ
ベルガ・バザールのファーマーズ・マーケット

　ベルガ・バザールの産直市を訪れないと週末が始まらない、そんなリガっ子も少なくありません。毎月第2・第4土曜日にひらかれるこの市場は、買いものはもちろん、八百屋のおじさんやご近所さんとおしゃべりする大切な時間だったりします。

　早起きしたら、朝いちばんで市場に出かけましょう。有機栽培で育てられた野菜や果物、手づくりのパン、燻製された肉や魚、ジャム、ハーブティーに自家製チーズといった食料品から、年代物のめずらしい本、食器やポストカード、オーナメントや手工芸の品まで、何でも手に入ります。

　ひときわにぎわう市場の中央では、ラトビアにスローフードブームを巻き起こしたレストラン・ヴィンセンツのスターシェフ、マールティニュシュ・リーティニュシュさんの姿も。極上の牛・鶏・ラム肉で作ったパテ、野菜の酢漬け、フレッシュな野菜を手づくりのパンではさんだ彼のハンバーガーは今や市場の名物です。

　踊ったり、口ずさんだり、みんなお祭り気分。それがルールのようです。

毎月第2・第4土曜日10:00-15:00　/　www.bergabazars.lv

68 LABDARĪBAS VEIKALS OTRĀ ELPA
チャリティーの店オゥトラー・エルパ

　オゥトラー・エルパは、よい物を今の持ち主から次の持ち主へ届ける仲介人。あなたができることは、楽しくて簡単──必要なものを買い、要らなくなったものを寄付すること。

　収納用品やキッチン用品など実用的なアイテムから、アート作品、洋服や靴、アクセサリー、本、家具、ゲーム、おもちゃまで、この店で売られている商品は、すべて寄付されたものです。

　極めつけの逸品は、毎月のオークションに出品されます。前ラトビア大統領の財布を買うこともできるかもしれません。

　売上金の一部は、子どもや高齢者の施設など5つの福祉プロジェクトに寄付されます。

Berga Bazārs, Marijas iela 13　/　+371 67 28 71 72
月～金10:00-19:00、土10:00-17:00　/　www.idejupartneri.lv

69 BIROJNĪCA
ビロユニーツァ

　ベルガ・バザールのビロユニーツァは、コワーキングという働き方ができる場所です。リガでは、自転車ショップ・ミーイト（91ページ）と多目的空間ペールレ（102ページ）にも同様のスペースができています。
・利用方法：日ごと、週ごと、もしくは月間のパスを購入する。
・パスの特典：テーブル・Wi-Fiインターネット・プリンタの利用、コーヒー・お茶・水の無料サービスなど。

Berga Bazārs, Dzirnavu iela 84, k. 2
+371 67 28 84 07　/　月〜土9:00-18.00

70 GARAGE
ワイン・バー ガレージ

　ワインを楽しむならここ。夜はもちろん、朝でも昼でもワインが楽しめます。その名が示すとおり、かつてガレージだったころのおもかげをしのばせる内装は、工業的でザラザラしていながら、どこか優雅で、独特の雰囲気をかもしています。

　簡素で、ラフで、気取らない。うまいワインとつまみ、ゆったりと会話が行き交います。

Berga Bazārs, Elizabetes iela 83/85　/　+371 26 62 88 33
毎日 10:00-22:30　/　www.garage.lv

71 VĒRMANES DĀRZS ウェールマネス庭園

町の中央にはヴェールマネス庭園があります。裕福な商人の未亡人アンナ・ウォールマン（ヴェールマネ）が庭園をつくったのは1817年のこと。彼女の愛称が地名として定着するようになりました。

やがてバラの庭園のまわりにレストランができ、異国情緒あふれる木々が並びはじめました。アンナは、いつまでも人びとが集えるよう願い、分割したり売却しないことを条件に、庭園を町に遺贈しました。

アンナに捧げる記念碑が2頭のライオンに守られるように円形のバラの花壇の中に建っています。庭園のメルケリヤ通りに面したあたりでは、20世紀初頭の芸術家カールリス・パデグスのブロンズ像が、生前よくしていたようなキザなポーズで決めているでしょう。

庭園はエリザベーテス通り、バロナ通り、メルケリヤ通り、テールバタス通りに囲まれています。

083 リガ市街

72 PUKU TIRGUS SAKTA
サクタ・フラワー・マーケット

ラトビア人は、親しい友人や家族を訪ねるとき花を贈ります。外国から初めてやってきた人は、「ラトビア人は、なんて花が好きなの!」と思わず目を疑うことでしょう。

せめて花を飾ることで太陽の暖かさを生活に取り入れようとするのは、北国ならではの工夫なのかもしれません。

サクタ・フラワー・マーケットは、なんと24時間営業。数十年にわたり、花を買いにくる常連客が引きもきりません。

春から夏、そして秋にかけて、季節の花があふれるさまは、まるでエデンの園。寒い冬には、ろうそくに灯をともし、大切に花を守るようすが見られるでしょう。

ウェールマネス庭園の隣、テールバタス通りの始まりあたりに店がならびます。

73 BIBLIOTĒKA No.1
ビブリオテーカ・ナンバー・ワン

　リガじゅうを探しても、これほどすてきな眺めをもつレストランは多くないでしょう。

　にぎやかな街の中心ウェールマネス庭園に面した窓ぎわの席から、緑のオアシスを眺めて、ゆっくりひと息。

　伝統をふまえつつ、新しいアイデアが盛られた現代のラトビア料理が供されます。料理人マーリス・ヤンソンスさんの蒸し野菜とラトビア近海でとれた魚のスープは、ぜひお試しを。

　品のよい舞台のような内装のせいか、エグゼクティブや芸能関係者の利用が多いようです。

Tērbatas iela 2　/　+371 20 22 50 00
毎日12:00-24:00
www.restoransbiblioteka.lv

085 ｜ リガ市街

74 レストラン ラ・カンナ
RESTORĀNS LA KANNA

　気どらない雰囲気、便利な立地、リーズナブルな値段のうまい料理——三拍子そろったラ・カンナは地元リガっ子たちに大人気です。

　ラ・カンナで一日の始まりのコーヒーを味わい、朝ごはんを食べ、昼どきに戻ってきてゆったりとランチを楽しむ。日が暮れると、ろうそくの光とワインの香りにあふれる店内でくつろいで夜を過ごします。

　日曜日の朝も、ブランチの客でにぎわいます。

Terbatas iela 5　/　+371 67 28 68 67　/　www.lakanna.lv
月〜土12:00-2:00、日12:00-24:00

75 KAFEJNĪCA KŪKOTAVA
カフェ・クーコタヴァ

　秋や冬のリガでは、お日さまが引っこみ思案。大空のパレットがべっとり灰色に染まってしまうような憂鬱な日は、迷うことなくここへどうぞ。

　ぬくぬくする居心地のよさは、おばあちゃんの家のあたたかいキッチンで過ごした幼いころの記憶をよみがえらせることでしょう。カッコーが時計から飛び出すと、匂いたつアツアツのリンゴタルトをオーブンから取り出す合図です。焼き上がるパンの甘い香りに酔いしれながら、おいしいコーヒーに舌鼓をうち、ケーキやパイが作られるようすを眺めるのは至福のひととき。

　ここを訪れる日は特別ですから、カロリーなんて気にせずに。

Tērbatas iela 10/12　/　+371 67 28 38 08
月〜金8:00-20:00、土・日10:00-18:00

087 | リガ市街

76 家庭用品の店リイヤ
RIJA DIZAINA PRIEKŠMETI UN SUVENĪRI

　ラトビアの農家に欠かせない場所、「リヤ=脱穀場」。穂を叩いて穀物を取り出し、自然のめぐみがおいしい食材へと変えられてゆく所。

　そうしたテーマを現代風にアレンジしたリイヤもまた、リガっ子の暮らしに欠かせない存在といえます。

　デザインとライフスタイルを扱うこの店には、世界的に名高いラトビアのデザイナーや国じゅうの名工たちの作品が並びます。モダンで実用的な日用品の数々は、ラトビアの伝統に根ざしながら、現代的な雰囲気もあわせ持っています。長く使える実用的なアイテムは、おみやげとしても喜ばれるでしょう。

　品ぞろえを見れば、店のコンセプトを手がけるファッションデザイナー、ナターリヤ・ヤンソネがこの店を「家庭用品の店」と称しているのも納得です。

Terbatas iela 6/8　/　+371 67 28 48 28　/　www.riija.lv
月〜金 10:00-19:00、土 10:00-17:00、日休

77 新刊と古書の店ユマヴァ
GRĀMATNĪCA JUMAVA

　出版社ユマヴァは、本社ビルで書店を営んでいます。
　こぢんまりとして居心地のよい地下の書庫は、本が好きなら、あちらこちら見てまわるだけで、気がつけばあっという間に時がたち、帰るときにはきっとお気に入りの一冊を手にしていることでしょう。
　ずらりと並んだ幅ひろい年代のラトビア文学やロシア文学に加え、第二次世界大戦以前に国内で出版された古書や美術書が手に入ります。
　新刊と古書のほか、世界各地の古い雑誌やポストカードも取り扱います。

Dzirnavu iela 73　/　+371 67 28 03 14　/　www.jumava.lv
月〜金10:00-19:00、土12:00-17:00

78 BONĒRA
ボネーラ

　ファッション界の伝説的人物、ココ・シャネル。彼女の本名ガブリエル・ボヌール（ラトビア語だとボネーラ）にちなんだこの店では、ピエール・カルダン、オスカー・デ・ラ・レンタなど、ハイブランドの古着を扱います。

　店内のカフェでは、アルークスネから届く新鮮な果実をしぼったジュースをどうぞ。そのうえ、自家製ケーキときたら……おなかも心もしあわせになることでしょう。

　そういえば、「ボヌール」という言葉は、フランス語で「しあわせ」という意味でしたっけ。

Blaumaṇa iela 12a　/　+371 29 89 43 37
月～土11:00-23:00

79 自転車をめぐる多機能スペース ミーイト
KAFEJNĪCA, VEIKALS, VELODARBNĪCA MIIT

　自転車でスイスイ、リガ巡りをしたいときは、ここへお立ち寄りを。自転車ショップ、工房、カフェ、そしてラウンジが全部そろっています。自転車も店内に持ちこめますから、愛車に鍵をかける必要もなければ、盗まれないか窓の外をソワソワ気にする心配もありません。ラウンジでお茶をのみ、お菓子をつまんでくつろぎましょう。

　ガラスのドアからは工房が見えるでしょう。実際に自転車を塗装することや部品をデザインすることもできます。購入後のアフターケアもあるので安心です。

　金曜日と土曜日にはラウンジで人気DJによる音楽イベントがひらかれます。

Lāčplēša iela 10 / +371 27 12 92 91
月・火・水 10:00-24:00、木 10:00-2:00
金 10:00-5:00、土 11:00-4:00
www.miit.lv

80 KAFEJNĪCA UN VEIKALS FAZENDA
カフェと店ファゼンダ

　ファゼンダは、まるで田園詩のよう。落ち着いたナチュラルな雰囲気のなか、クッキーやパイ、ペストリーが焼かれ、フルーツと野菜は生搾りのジュースになり、とれたての食材はその場で料理され、店はおいしい匂いにつつまれます。

　そのたたずまいもみどころです。石造りの建物がひしめくリガの中心で木造りの建物は、ひときわ目をひきます。

　いつかの田園か、南の国か、あるいは20世紀の小説の中だったでしょうか——どこかで知っている物語のような空間。大人も、子どもも、ペットも、だれもがくつろげることでしょう。

Baznīcas iela 14 / +371 67 24 08 09
月〜金9:00-22:00、土10:00-22:00、日11:00-22:00
www.fazenda.lv

81 RESTORĀNS UMAMI
小さなレストラン　ウマミ

　ウマミという店の名前は、日本語の「うまみ」にちなんでいます。味覚を表す言葉（甘い、しょっぱい、苦い、すっぱい）で表現できない5つ目の味覚が「うま味」といわれます。
　この小さなレストランは、うまい味にあふれています。控えめながら、確固としたスタイルの内装をもつ店を訪れれば、オーナーのエルマールス・タンニスさん（ラトビア料理界では、よく知られた存在です）の顔が毎日みられるでしょう。彼の奥さんもさりげなく手伝っています。
　目新しさはなくとも、質のよさとうまさで勝負する料理を食べたいときにどうぞ。

Ģertrūdes iela 27　/　+371 67 31 25 00　/　www.umami.lv
月〜金12:00-23:00、土13:00-24:00、日13:00-22:00

82 EDUARDS SMILGIS
エドアルドス・スミルギス

リガの町にそびえ立つ白と黒の壁。ブリーヴィーバス通りとラーチュプレーシャ通りの交差点から見渡せるその壁にかかるのは、ラトビア演劇界の大立て者、伝説の舞台監督エドアルドス・スミルギス（1886〜1966）の巨大写真です。

演劇におけるコミュニケーションのかたちを独自の方法で発展させた人物が、今もリガの演劇界を見守っています。

83 JAUNAIS RĪGAS TEĀTRIS
新リガ劇場

新リガ劇場のみどころは、舞台の上だけではありません。メインの音楽堂はすっかり古びてしまっていますが、アールデコの装飾が残る数少ない空間です。ステージと観客席はスミルギス監督の構想どおりに設計されました。

訪れた人はみな、いまだに劇場が改装されていないことに驚きますが、すり切れて何層にも塗り重ねられたこの塗装にこそ、偉大な劇場の数十年にわたる記憶が詰まっているのです。

現在ディレクターを務めるアルヴィス・ヘルマニスは国内外で高い評価を得ています。彼の演出は、シンプルなものに魔法をかけ時間を超越したものにする……これぞ彼のマジック。彼の指揮する劇団は、リガの文化に欠かせない存在といえるでしょう。

Lāčplēša iela 25 / www.jrt.lv

095 | リガ市街

84 TEĀTRA BARA RESTORĀNS
テアートラ・バーのレストラン

　新リガ劇場の中庭に、ひっそりと営業するレストランがあります。隠れた場所にありながら、ジャーナリストや芸術家、映画関係者で混み合いますから、暖かな夏の夜にテラス席を取りたければ予約することをおすすめします。

　店を出て目のまえの通りを横切ったところに、小さなバーが見えています。店名のとおり、このバーから派生してできたのが当レストラン。いわば姉妹店といえます。

Lāčplēša iela 25　/　+371 67 28 50 51　/　毎日 11:00〜23:00

85 古本の店プラネータ
LIETOTU GRĀMATU VEIKALS PLANĒTA

　由緒ある古書店の老舗プラネータ。ソ連占領時代のラトビアで、外国の本や雑誌が手に入る数少ない店のひとつでした。

　今では地下に店を構えます。まぎらわしいのですが、入口ちかくの「Kristālu Studija」の看板が目印です。

　品ぞろえはラトビアとロシアの古典作品、とくに戦前の出版物が充実しています。

　どこまでも広がる本の世界。よく整理されているので迷うことはないでしょう。そんなこともこの店が長く愛される理由かもしれません。

Lāčplēša iela 27 k. 2　/　+371 67 28 47 30
月〜金10:00-19:00、土11:00-17:00

86 MĀKSLAS GALERIJA, VEIKALS UN RESTORĀNS ISTABA
バーとカフェのあるギャラリー　イスタバ

　アーティストのリンダ・ルーセさんが営むギャラリー。デコレーションされた時計やトレー、寝室のスリッパなど実用品の数々は、地元ラトビアのアーティストによって手づくりされています。
　2階にはカフェ・バー、イスタバ・ブッフェテもあります。陽気な雰囲気で、そのうえ人気シェフのマールティニュ シュールマイスさんが手がける料理ときたら、まさに一級品。メニューは定期的に変わり、シェフと相談してオーダーを決めることもできます。

Kr. Barona iela 31a ／ +371 67 28 11 41
ギャラリー：月〜土 12:00-20:00
カフェ：月〜土 12:00-23:00

リガ市街　098

87 KAFEJNĪCA OSIRISS
カフェ・オシーリス

　リガっ子にとって、オシーリスはもうひとつのわが家のようなもの。シンプルで控えめな店内のしつらえからは想像できないほど、店はいつもにぎわいます。小さな店内には10脚足らずのテーブルしかないというのに、地元のアーティストや学生、役者、政治家、起業家がひっきりなしにここを訪れるのはなぜでしょう。

　そのわけは、昔から変わらないメニュー（特別料理だけは毎週水曜日に変わるんですけどね）や真心のこもったサービスにあります。ワインは種類こそ多くないけれど、厳選されていて値段も手ごろ。ゆっくりしたいときは、ランチの忙しい時間が終わったころに訪れれば、好きなだけのんびりできることでしょう。

Kr. Barona iela 31　/　+371 67 24 30 02
月〜金8:00-24.00、土・日10:00-24:00

88 KAFEJNĪCA GAUJA
カフェ・ガウヤ

　ごく小さなカフェですが、リガのもうひとつの顔をのぞいてみたければガウヤは外せません。わが道をゆく自由人たちから愛され、店はいつも行列しています。夕暮れどきになると地元のアーティストやミュージシャンが集います。

　カフェの内装は、青い壁、白く塗られた天井に弱々しく光る照明、真っ黒いコンセントなど、ソ連時代のアパートを思わせます。本棚に並べられた書籍や店内に流れる音楽、壁にかけられた絵画もすべて年代ものです。

　音楽はガウヤにとって特別な意味を持つのだとか。たしかに店でかかる音楽はここでしか聞けないものばかり。オーナーは専用のスタジオを持っていて、ときおり詩や音楽、アートのイベントもひらかれます。

　カフェといいながら、メニューはドリンク中心という点にはご留意を。ナッツやポテトチップスなどのおつまみは用意されています。お腹がすいたときは、アツアツのソ連風クロックムッシュをどうぞ。

　ブレングリュビールもぜひお試しを。樺の木の樹液を発酵させた春の酒、そしてチコリーコーヒーもおすすめです。

Tērbatas iela 56
+371 67 27 56 62
毎日 12:00-23:00
www.bufetegauja.lv

リガ市街 | 100

89 RESTORĀNS UZBEKISTĀNA
レストラン・ウズベキスタン

　レストラン・ウズベキスタンを訪れることは、まるで冒険です。東洋料理特有の、印象的で豊かな匂いにつつまれた瞬間、ここはブハラかサマルカンドではないかと錯覚してしまいそう。

　当店のピラフは、タシュケントのレシピでつくられ、できあがるとシェフみずからテーブルに運びます。そのシェフは、リガにやってくる前、伝説のウズベキスタン料理店――モスクワは《砂漠の白い太陽》、タシュケントは《バホル》など――で働いていました。ウズベキスタンの伝統的なパイも本物のタンディルのかまどで焼かれ、スパイスもすべて現地と同じ調合です。

　うまい料理でお腹がいっぱいになるばかりでなく、つぎの旅行では必ずウズベキスタンに行きたくなることでしょう。

Bruņinieku iela 33　/　+371 67 29 22 70
毎日10:00-23:00　/　www.uzbekistana.lv

90 BĀRS UN VEIKALS PĒRLE
多目的空間ペールレ

　ペールレ——その名はプエルトリコのスラム街、La Perla から着想を得ています。80年代と現在のデザインを巧みにミックスさせた店内は……、やはり80年代のムードが漂います。

　店内にある物は、すべて売りもの——いまワイングラスを置いたそのコーヒーテーブルも買うことができます。

　小さな赤いテレビ、タイプライター、カセットやCDプレーヤー、靴やジャンパー、レギンスまで、思わずぎょっとしてしまうような80年代のアイテムが盛りだくさん。

　開閉式の天井をあけるだけで印象が変わるので、コンサートや展示会、映画の上映からお茶会まで何でもござれ。

Tērbatas iela 65
月・火10:00-21:00、水10:00-24:00、木・金・土11:00-2:00

91 FOLDLIFE
フォルドライフ

　ベンチ、椅子、テーブル、タンス、棚など、すべて厚紙でつくられたラトビア製の家具は、簡単に折りたため、室内でも屋外でも活躍します。フォルドライフは、こうしたエコデザインを取りそろえます。

　印刷もできる厚紙の家具には、グラフィックデザインの無限の領域が広がります——天板にチェスや双六が印刷された折りたたみ式のテーブルに子どもたちは大喜びです。

　初めて訪れた人は、新しい木材と繊維の匂いにつつまれた店を見て、きれいに厚紙を並べた、ただの倉庫と見まがうかもしれません。ところが、わずか数秒の組み立て作業で、ただの厚紙が椅子やテーブルに早変わりするのですから、本当にすぐれものです。

Lācplēša iela 68　/　+371 22 56 88 85　/　www.foldlife.lv
毎日11:00-19:00

92 STUDIJA NATURALS
アトリエ・ナチュラルズ

　伝統的な手法と現代デザインの組み合せ、スタイリッシュな造形と天然のリンネル——これがナチュラルズの特徴です。

　かつてラトビアの家庭に必ずあった古風なはた織り機で、100%天然のリンネルが生み出されます。

　有名なテキスタイル作家ライマ・カウグレさんがアトリエを営み、アトリエにある織物は、すべて彼女が手づくりしています。

　こざっぱりしたリンネルの織地だけでなく、リンネルとほかの素材の組み合わせも、みごとです。

Bruņinieku iela 47　/　+371 67 31 59 14
www.studio-natural.lv　/　月〜金　予約必要

リガ市街 | 104

```
PADOMJU
OKUPĀCIJAS LAIKĀ
VALSTS DROŠĪBAS
IESTĀDE /ČEKA/
SAVUS UPURUS
ŠEIT IESLODZĪJA,
MOCĪJA,
NOGALINĀJA UN
MORĀLI PAZEMOJA

STŪRA MĀJA
1940-1941
1944-1991
CORNER HOUSE

DURING THE SOVIET
OCCUPATION THE
STATE SECURITY
AGENCY /KGB/
IMPRISONED,
TORTURED, KILLED
AND MORALLY
HUMILIATED ITS
VICTIMS IN THIS
BUILDING
```

93 黒い敷居
MELNAIS SLIEKSNIS

町の中心にひっそりとたたずむこの「角の家」には、暗く不吉な過去が隠されています。ブリーヴィーバス通りとスタブ通りが交差するところ、世紀転換期のリガを特徴づける折衷様式が見られる建物には、かつて秘密警察チェーカーやKGBの本部が置かれ、1940年から91年まで続いたソ連占領体制による史上最悪の残虐行為を物語ります。

人びとから自由を奪い、押さえつけ、辱め、そして死へと導いた鋼鉄のドア《黒い敷居》は、何千もの犠牲者を追悼するメッセージとして現代に残されているのです。

Brīvības iela 61

105 | リガ市街

94 DAILES TEĀTRIS
ダイレス劇場

斬新な戦後モダニズム建築、ダイレス劇場。その建設には20年におよぶ年月を要しました。1950年代も終わりにさしかかるころ、講堂の設計をめぐるコンペティションを若き建築家マルタ・スタニャが勝ち取ります。まもなく共産党の息がかかった別の建築家がチームに加えられましたが、彼女はこの建築計画を生涯の仕事として取り組みました。

伝説の名監督エドアルド・スミルギスも革新的な舞台空間を設計し、劇場の発展に寄与しました。

ダイレス劇場は、ソ連時代を色濃くとどめる貴重な存在として、リガの機能主義派が世界の建築史においていかに重要な位置を占めてきたかを今に伝えています。

Brīvības iela 75 / +371 67 27 95 66
www.dailesteatris.lv

95 RĪGAS 1. SLIMNĪCA
リガ第一病院

病気やけがのとき、真っ先に向かう場所といえばここ、リガ第一病院。この病院は100年以上にわたりずっと人びとに癒しをもたらしてきましたから、その信頼も一番です。

ブルニンイエク通りに面する広い敷地は、18世紀の昔から治癒効果をもつ植物が育てられ、医療と深く結びついていました。

美しいアンサンブルを奏でるかのように調和のとれた19世紀建築は、ヨハン・ダニエル・フェルスコの指揮により建てられたもの。今なおリガでもっとも輝かしい建築物のひとつとうたわれています。

続いて増築された病棟は、リガ建築界の大立て者、レインホルド・シュメリングとエイジェンス・ラウベによって設計され、今も診察室や管理室、神経障害センターとして使われています。

Bruņinieku iela 5

96 VIDZEMES TIRGUS
ヴィゼメ市場

　ブリーヴィーバス通りとマティーサ通りの曲がり角にあるヴィゼメ市場。生産者からじかに新鮮な食材を買うことができるのは、市場がオープンした1902年の古き良き時代そのまま。中央市場ほど大きくはないけれど、コンパクトにまとまっています。

　6月にはイチゴの甘い香りがあたりを満たし、買いもの客の心をくすぐります。8月になれば、リンゴの季節がやってきます。リンゴの収穫は9月中旬にピークを迎え、寒い冬の間じゅう出まわります。トマト、ウリ、カボチャ、キュウリなど数えきれない根菜や青果たち。そのままサラダで食べても、ピクルスや浅漬けにするのもおすすめです。色とりどりの香り高い食材に囲まれて、次から次へと献立のアイデアが湧いてくることでしょう。

Brīvības iela 90
毎日8:00-20:00、毎月第一月休

97 STIKLA DARBNĪCA UN VEIKALS BUTELJONS
ガラスのリサイクル工房　ブテリヨン

　ブテリヨンの職人たちの手にかかれば、ありきたりのガラス製品が意外な雑貨や日用品に早変わりします。

　ガラスの瓶を半分に切り、コルクのふたをかぶせればみごとなスパイス入れのできあがり。縦に切り取った瓶を平らに置けば、ガラスの皿が一丁あがりというぐあい。

　店に隣接する工房から、機械の働く音がメロディーのように聞こえてきます。

Miera iela 10　/　+371 26 32 93 08
月~金12:00-19:00

109　リガ市街

98 KAFEJNĪCA TAKA
カフェ・タカ

　タカはカフェでもあり、文化が交流する場でもあります。詩の朗読やコンサート、展示会、ステージ・パフォーマンスがおこなわれます。

　内装も風変わり。黒い天井に、色とりどりに彩られたカラフルな壁――目をこらせば動物たちが見えてくるでしょう。椅子もよくよく見れば、繊維ガラスの浴槽を半分に切りとった代物です。

　料理は地元の野菜を豊富に使い、ベジタリアンにも好評です。ブドウが育ちにくいラトビアではめずらしい国産ワインも楽しめます。

Miera iela 10
月～木13:00-1:00、金・土12:00-24:00、
日12:00-17:00 / www.pataku.wordpress.com

99 ARMEŅU RESTORĀNS ARAGATS
アルメニア料理　アラガツ

　人を帽子で判断してはならない——このラトビアの言い習わしをみごとに体現しているレストランがこちら。アルメニア生まれの一家が店を営みます。

　窓からの眺めはとりたてていうほどではないし、内装はキッチュといえるようなものばかり。ちょっと変わったセンスに最初は落ち着かないかもしれません。ところが親切なウェイトレスが現れれば、そんな不安もたちまち消えてしまうことでしょう。彼女のすすめする品を頼めば、まずまちがいありません。

　仔羊のシャシリクやコーカサス地方に伝わるソーセージ、ロティやベイクドサーモン。料理は昔ながらのオーブンで作られ、オーナーの女性が焼きあがったばかりのアツアツをサーブしてくれます。彼女が手いっぱいのときは、おばあちゃんが代わって料理を運んできてくれるでしょう。このおばあちゃん、じつは原子物理学者でドイツ語も堪能なんですって。

Miera iela 15　/　+371 67 37 34 45　/　火～日13:00-22:00

100 ZESTORE ゼストア

　ゼストアの見どころは、オールド・スクールのファッションとインテリア。腕のいい職人たちが、家具の修復もおこないます。ウィットをこめた遊び心もいっぱい――ブラジルのコーヒー豆の麻袋をまとった70年代のヴィンテージのソファなんていかが?

　内装もレトロで、昔と変わらぬ姿を残しています。

　古い家具のある新しい生活は、ここから始まります。

Miera iela 17　/　+371 28 68 41 73
月〜土11:00-19:00
zestre.blogspot.com

リガ市街

101 KAFEJNĪCA-KLUBS DAD
カフェ・クラブ　ダド

　ボヘミアンな雰囲気ただよう小さな空間。近年クリエイターたちの活動の中心地になりつつあるミエラ通りに店を構えます。
　ランチタイムには、クリームスープやホット・サンドウィッチ、ずっしり大きいパンケーキをどうぞ。
　木曜日の夕暮れどきは、週に一度の生演奏で店内はいっそうムーディーに。フリルのついたアンティークのランプや、使い込まれたふかふかのカウチも大人の雰囲気をかもしています。
　インテリアを眺めていると、DADが何の頭文字なのか気になってきました。うーん、「Dance All Day」というところでしょうか。

Miera iela 17 / +371 67 37 44 70 / www.dadcafe.lv
月～水10:30-23:00、木10:30-24:00、金～土10:30-深夜

102 TĒJNĪCA-STUDIJA ILLUSEUM
ティー・ルーム　イルセウム

　せかせか忙しい都会の生活。そんな毎日に疲れた人びとの安らぎの場所、イルセウム。ゆっくりと紅茶をのみ、本をひもときながら、考えをまとめてみてはいかがでしょう。
　店内には一見するだけではわからない仕掛けもいっぱいです。たとえば天井にかけられたモザイク画は、三角形や星形にくりぬかれた無数の木片からなっていて、まるで蜂の巣のよう──角度に応じて万華鏡のように、さまざまな表情を見せてくれるでしょう。
　世界じゅうから選び抜かれた紅茶もそろっています。紅茶通の方は、プーアール茶をおさめる特別室も必見です。

Miera Iela 19　/　+371 67 33 33 70　/　www.tea-shop.lv
火〜土12:00-22:00

103 MĀJAS SVĒTĪBA
マーヤス・スヴェーティーバ

　植物が大きく育ちすぎて邪魔になることや、単にあきてしまい別の植物をながめたくなることってありませんか。そんなとき、マーヤス・スヴェーティーバの植物の物々交換をご利用ください。

　植物専門のホテルも営んでいますから、長い旅行や出張に出かけるときも安心です。当店に預ければ、大切な植物を枯らしてしまう心配もありません。そのほか植物専門のリフレッシュ・コースもあり、疲れた植物たちもきっと元気をとりもどすことでしょう。

　緑にあふれる店内には、植物にかんする本が置かれ、コーヒーを飲みながら読書をすることもできます。

Miera iela 39 ／ +371 29 55 23 66 ／ www.majassvetiba.lv
火〜土12:00-20:00

104 VINTAGE VEIKALS 20. GADSIMTS
ヴィンテージ・アイテム　20世紀

　この店の創設者たちは10年以上にわたり、雑多で騒々しい20世紀という時代が生んだ食器や調度品、洋服などを収集してきました。なぜ21世紀じゃなくて20世紀なのかって？　彼らの考えでは、21世紀は20世紀のアップグレード版でしかないそう──ある意味、そのとおりかもしれません。

　小さな店内は、洋服のコーナー（レンタル専用です）と、その他のグッズのコーナー（こっちは販売のみ）に分かれています。

　1956年にリガでつくられたオメガのテーブルミラー、フランスのオークションで手に入れたアールデコの鏡、そのほか60年代・70年代のクリンプリン素材のドレス、ソ連時代の色とりどりのウォッカグラスなどが見つかるでしょう。

Miera iela 39-12　/　+371 29 23 43 79
火～金12:00-19:00、土12:00-16:00

105 LIELIE KAPI
リエリエ・カピ

カピ（共同墓地）と呼ばれるように、かつてここには大きな共同墓地がありました。

ソ連占領時代に多くの墓石が傷つけられ、破壊され、そして持ち去られましたが、今なお数百の墓石が残されています。

今ではルター派福音教会の公園になり、ジョギングする人や愛犬の散歩をする人、年金生活のお年寄り、そして緑ゆたかな静かな場所で散歩したいというすべての人に愛されています。

砕けて色あせてしまった墓石は、まるで絵画のような美しさで通りゆく人に語りかけます。その姿を見ると、だれもがいつか迎える死の運命について思わずにはいられません。

Miera iela 66, Klusā iela 2

117 リガ市街

106 MAREUNROL'S
マレウンロルス

才気あふれるデザイナー2人、マーリーテ・マスティニャとロランドス・ペーテルコプスによる新しいジーンズライン《マレウンロルス》は、ラトビア国内にとどまらず、ヨーロッパじゅうのファッションシーンに波乱を巻き起こしています。
2009年のイエール国際モード＆写真フェスティバルでは、2部門のダブル受賞に輝きました。

www.mareunrols.com

107 VEF
ヴェフ

ヴェフ、またの名を国営電気技術工場は、ソ連占領時代の国内最大の工場として、電話機やトランジスタラジオを製造していました。占領下のラトビア人にとって、この工場は戦前の独立国家ラトビアが成し遂げた高い技術力を誇らしく思い出させるものでした。有名なミノックスカメラ、今や歴史の遺物となったスポーツ飛行機などもこの工場から生まれました。ブリーヴィーバス通りのガイサ橋の背後に広大な敷地を有する工場は、19世紀から20世紀初頭にかけて建てられましたが、すでに操業をやめ、今ではアートのワークショップがひらかれています。

Brīvības gatve 214

108 古書の店ウェーストゥレ
GRĀMATU ANTIKVARIĀTS VĒSTURE

　街の歴史を物語る旧市街から離れた所にありながら、ラトビア語で「歴史」を意味する店の名前にたがわず、ウェーストゥレも歴史を語りかけてきます。

　ゼィドニュダールズス公園の正面、いかにもラトビア風につくられた木造の建物の地下にあるこの本屋は、本を読むリガっ子なら、知らない人はないほどの存在。

　時代ものの聖書や革装された古い書物、この店にたどりついたことが奇跡に思える海外の珍重本まで——あたかも本の歴史を旅するような気分になることでしょう。時代も言語もさまざまな雑誌や新聞、辞書類も充実しています。

A. Čaka iela 95　/　+371 67 31 11 36
月〜金10:00-18:00

109 SAPNU FABRIKA UN INTERJERA DIZAINA GALERIJA TRENTINI
サプニュ・ファブリカとトレンティーニ

リガにはクリエイティブな場所がたくさんあります。「夢の工房」を意味するサプニュ・ファブリカもそのひとつ。数十年にわたりガラス工場として使われていたこの建物は21世紀のはじまりにあわせて生まれ変わりました。

建物に入居するトレンティーニは、産業と現代デザインの融合というコンセプトのもと、リーン・ロゼ、モローゾ、ザノッタ、セジス、エドラといった有名家具メーカーの製品を扱います。

そのほかアルテミデやフロス、フォスカリーニのランプ、ビッサザのガラスモザイク、アレッシィのアクセサリー、リュックスツールの自然繊維の絨毯なども手に入ります。

Lāčplēša iela 101 / +371 67 37 52 07
月〜金10:00-19:00、土11:00-16:00
www.sapnufabrika.lv / www.trentini.lv

110 Ridzinieki リガっ子

リガっ子の時間感覚はさまざま。何曜日を「ミニ金曜日」とするかは人によってまちまちです。

「仕事が片づいたから、そろそろ遊びに行けるね」という日がミニ金曜日で、週の真ん中の水曜日をミニ金曜日と考える人もいれば、木曜日をミニ金曜日と考える人もいるのです。

とはいえ、たいていのリガっ子は次のような時間ルールのなかで暮らしています。

月曜日はミニ水曜日（なぜならミニ金曜日まであと2日でしょ）。火曜日はミニ木曜日（だってミニ金曜日の前日だもの）。というわけで、水曜日はミニ金曜日。木曜日はミニ土曜日。そして金曜日はミニ日曜日。ところがもちろん、土曜日と日曜日はそのまま。こうしてみると、リガっ子が毎晩のようにバーやクラブ、レストランに通うわけがわかるでしょ？　だってリガでは毎日が週末みたいなものですから。

111 Baltā nakts ホワイト・ナイト

年に一度のホワイト・ナイトは、だれもが参加できる開放感も手伝って、リガ最大級のイベントといわれるほどになりました。現代アートが集まることのイベントを、子どもから大人まで、あらゆる世代の文化マニアが楽しみにしています。

開催時期は8月下旬から9月上旬。展示ホールやクラブだけでなく、使われていない店舗や工場までもが会場に早変わりします。

www.baltanakts.lv

112 Jāņu siers ヤーニュ・チーズ

長く暗い冬も、あっという間に過ぎてしまう短い夏も、ラトビア人はいつながら暮らしています。まんまるな太陽の恵みに感謝し

では、まんまるにふくれたチーズはどうでしょう。ヤーニュ・チーズと呼ばれるチーズは、ラトビアで夏至の日におこなわれるヨハネ祭の前夜のお祝いに欠かせません。

ヨーロッパ最古のチーズといわれるこのチーズは、リガっ子の大好物。歌をうたいビールを飲むときには、このチーズをつまみにするのがたまらないんです。

スーパーで買うこともできるけど、おばあちゃんのレシピにならった伝統の味がやっぱり本物。リガのおふくろ

の味をどうぞ召し上がれ。

113 ベジタリアンの食堂ラーマ
Veģetārā kafejnīca Rāma

ベジタリアンの食堂ラーマでは、そば粉バーガが人気です。ランチタイムには、人びとが押し寄せるようにやってきます。店はクリシュナ意識協会の建物にあり、余分な装飾は何ひとつありません。多くのファンがここを選ぶ理由はただひとつ——おいしい料理を食べるため、これにつきます。

供されるのはベンガルカレー、パニール（チーズ料理）、キチュリ（おかゆ）など昔ながらのインド料理。オリーブオイルとローズマリーをねりこんだ天然酵母の焼きたてパンといっしょにどうぞ。

財布もよろこぶ値段は、ランチが約3ラット（約450円）。

甘党のあなたにも嬉しいお知らせ。デザートのケーキはおいしいうえにヘルシーなんですって。

ラーマは、生活困窮者のための無料食堂も営みます。かれこれ20年にわたり、チャリティー活動の先頭を走りつづけてきました。

地下にはハヌマンという小さな店もあり、環境にやさしい掃除グッズや天然コスメ、歯みがき粉、お茶やスパイス、お香、シルクのスカーフ、ギフト、こまごまとした日用品まで幅ひろく商品をそろえます。そのほか本やCD、大豆サプリメントに水牛バター、オーガニックケーキまで、とにかくここは何でもあるのです。

Kr. Barona iela 56
+371 67 27 24 90
月〜金10時〜19時、土11時〜19時

114 ラトビアのライ麦パン
Rudzu maize

ラトビア人のお出かけに欠かせないのが、黒いライ麦パン。海外の友人や親戚をたずねるとき、スーツケースの中には必ずこのパンが入っています。

ただのパンだとなめてもらっては困ります。だってこのライ麦パン、手みやげにはもってこい、長く母国を離れたラトビア人には何よりうれしいごちそうなのですから。ずっしりと噛みごたえがあり、ほんのり甘くて、酸味もきいています。

昔は、家庭でパンを焼いたものでした。パンの生地に、指や手のひらで十字を刻みます。ラトビア文化に欠かせないこのパンは、国のアイデンティティともいえるでしょう。

モスクワ郊外
MASKAVAS PRIEKŠPILSĒTA

中央市場から西へ、マスカヴァス通りをはさんで広がる一帯は、古くからロシア人やユダヤ人とのかかわりが深く、地元では親しみをこめて「マスカチュカ」と呼ばれています。

木造りのみごとな建物、おんぼろの中庭、壁の落書き、ホームレスの集団生活、そしてかわいい（?）野良犬たちが地域を彩ります。5つの異なる宗派の教会が集まるのもリガではここだけです。

近年この地域も変わりつつあります。クリエイターやアーティストたちが住み着き、ナイト・マーケットの売り子たちは川岸でサンドウィッチを頬張りながら夜通しがんばっています。

あちこちで建築が進み、通りは改装され、街がどんどん新しくなっています。

- 115 中央市場
- 116 ラトビア科学院
- 117 スピーケリ創造区
- 118 レストラン・キッチン
- 119 スカニュ・メジュス
- 120 デサ＆コ
- 121 ゲットー・ホロコースト博物館
- 122 シンフォニエッタ・リガ
- 123 現代芸術センターKIM?
- 124 ナイト・マーケット
- 125 ラトガリーテ市場
- 126 聖フランシス・ローマ・カトリック教会
- 127 ムールニエク通り
- 128〜131　コラム

旧市街

ダウガヴァ川

115 CENTRĀLTIRGUS
中央市場

　1930年に開業した、バルト諸国随一の規模と知名度を誇る生鮮市場。市場は5つの棟からなり、トンネルに似た独特な姿でリガのスカイラインを彩ります。建物の骨組みは、第一次世界大戦で使われたドイツ軍の飛行船格納庫から移築されたものです。

　魚介売場では、とれたてのヒラメやカレイから、ニシンの酢漬けや薫製されたウナギなど地元の名物まで、ラトビアでとれる魚なら何でもそろいます。

　二日酔いにお悩みのときは、野菜売場へどうぞ。自家製のザワークラウトが山盛りに積まれたお店では、やさしい売り子たちがザワークラウトのジュースを用意してくれるでしょう。これぞリガっ子の味方、二日酔いの特効薬なのです。

Nēģu iela 7 / www.centraltirgus.lv
毎日7:00-18:00（売場によって多少前後します）

116 LATVIJAS ZINĀTŅU AKADĒMIJA
ラトビア科学院

　ラトビア科学院のタワーからは、リガの街並を鳥瞰することができます。10年におよぶ工事の末、1961年に完成しました。
　ウェディングケーキのように段々に積み重なる構造は、教会の尖塔を模してつくられたもので、スターリン時代の建築の代表例といえます。工事にかり出された労働者や田舎の小作農たちは、この建物を「クレムリン」「スターリンのケーキ」と揶揄しました。
　科学院は、中央市場の迷路のような売場を抜けた先にあります。やがて迷路のあいだから108メートルの高さを誇る科学院のタワーが見えてくるでしょう。
　17階の展望デッキに上がるには、1階でチケット（2ラッツ＝約300円）をお求めください。展望デッキに出ると、たっぷりとしたリガの街並が足元に見えます。デッキはいつもすいていて、だれにも邪魔されることなく写真をとることができるでしょう。

Akdēmijas laukums 1
毎日8:00-22:00
www.panoramariga.lv

117 SPIKERI スピーケリ創造区

　スピーケリ創造区は、2009年に開業するや、たちまち芸術と文化の発信地になりました。
　19世紀に建てられた赤レンガづくりの建物と倉庫からなる一帯に、現代美術館による実験プロジェクト KIM? など、アート・音楽・演劇をめぐる機関が集まり活動しています。
　人形美術館やシンフォニエッタ・リガ、スカニュ・メジュズ音楽祭、RIXCニューメディア・カルチャー・センターも全部ここにあります。

Spīkeri, Maskavas iela 12 / www.spikeri.lv

118 RESTORĀNS KITCHEN
レストラン・キッチン

　現代芸術センター KIM? の建物に入っているレストラン。KIM? が芸術的な美しさを打ち出しているのに対して、レストラン・キッチンは厨房から美しい味覚を打ち出しているといえるでしょう。

　料理人は、ラトビアにロー・イーティングを紹介した料理人、セルゲイ・ヤラミシャンさん。世界の潮流にそった現代的な味覚でありながら、地元でとれた旬の食材をふんだんに使った新しいラトビアの味をどうぞ。

Spīķeri, Maskavas iela 12, k. 1
+371 20 27 28 27　/　月〜土11:00-23:00
www.restaurantkitchen.lv

119 スカニュ・メジュス（音の森）
SKANU MEŽS

　スカニュ・メジュス音楽祭では、実験音楽でもポップミュージックでもないユニークな演奏がくりひろげられます。

　リガから新しい音楽が生まれるよう、国境を越えた環境を整えることがこの音楽祭のねらい。若い音楽家の想像力をのばし、ステレオタイプから解き放てば、商業的な成功や名声だけがゴールではない音楽家のあり方を示すことができるというものです。

　世界的に活躍する音楽家だけでなく、大衆向け音楽に異議をとなえろようなひねくれ者のミュージシャンもこのフェスで演奏し、どちらも大歓声で迎えられます。

　メインの音楽祭の開催は毎年5月ごろですが、連動イベントが半月ごとに開催されていますので、お見逃しなく。

Spīķeri, Maskavas iela 12 / www.skanumezs.lv

120 DESA & CO デサ&コ

　スピーケリ創造区や中央市場のついでに、風変わりな名前の小さなビストロ、デサ&コ（「デサ」はソーセージの意）にお立ち寄りください。魚市場の真正面、飾りっけのない機能的な店で、寒い日には熱いブイヨン、休日の朝には特別に焼かれたソーセージや焼きたてのクロワッサンをどうぞ。

　ゼミターニ農園から届けられる新鮮な鹿肉や猪肉は、種類も豊富で、試食もできますから、ついつい買いすぎてしまいそう。

　店を営むのは、肉料理の愛好家ならだれもが知っている有名人——仕事熱心なグンティス・ベレウィチスさん。彼の夢は世界一の鹿を育てること。趣味も肉にかんすることかと思いきや、芸術作品のコレクターという一面もあるそうです。

Maskavas iela 4　/　+371 67 21 61 86
月〜土9:00-18:00、日9:00-16:00

121 RĪGAS GETO UN LATVIJAS HOLOKAUSTA MUZEJS
ゲットー・ホロコースト博物館

　1941年から45年にかけてドイツ占領軍がラトビアを支配していた時代につくりあげたユダヤ人居住区（ゲットー）からそう遠くないスピーケリ創造区に、博物館ができました。

　第一期の工事を終えたばかりながら、展示からはホロコースト時代のユダヤ人の悲痛な感情がなまなましく伝わってきます。

　かつてモスクワ郊外一帯は、有刺鉄線で囲まれ、7万人ともいわれるラトビア系ユダヤ人（そのほかドイツ、チェコスロヴァキア、ハンガリーから連行された2万人のユダヤ人も）が隔離されていました。生きて終戦を迎えることができた人はごくわずか。多くのユダヤ人がルンブラやビケルニエキの森で銃殺されたのです。

　戦後リガではこの地区の再開発が遅れ、ユダヤ人居住区の木造建築は、多くがそのまま残されました。

　博物館には、当時の建物も展示され、ゲットーのようすをまざまざと感じることができるでしょう。博物館の主要な順路には、ゲットーのルザス大通りを覆っていた丸石が敷かれています。

　見るからに痛々しい有刺鉄線が博物館を囲み、ユダヤ人が味わった悲惨な孤独感をひしひしと感じさせます。

Spīķeri, Maskavas iela 14a
+371 67 27 08 27 / www.rgm.lv
毎日10:00-18:00

122 SINFONIETTA RĪGA
シンフォニエッタ・リガ

　34人の腕ききミュージシャンが奏でる美しい音色。平均27歳の若い才能が集うオーケストラの歩みは、2006年の夏に始まりました。

　熟練したオーボエ奏者であり指揮者も務めるノルムンドス・シュネーの指導のもと、バロック音楽から20世紀および現代の音楽まで幅ひろく演奏します。

　オケの歴史は浅いながら、すでに主要な音楽賞を2度受賞するなど、その実力はお墨付き。毎年20回の公演をおこない、ラトビアで生まれた新曲をどこよりも早く演奏するのが彼らのこだわりです。

　スピーケリ創造区のコンサートホールに本拠地を置いています。

Spīķeri, Maskavas iela 4, k. 2/3　/　www.sinfoniettariga.lv

モスクワ郊外

123 LAIKMETĪGĀS MĀKSLAS CENTRS KIM?
現代芸術センター KIM?

　KIM?（「アートって何？」を意味する言葉の頭文字）は、現代カルチャーのさまざまな分野を融合させ、すばらしい相互作用を生み出しています。

　3つの小さなギャラリーでは、ラトビア芸術院やFKギャラリー、RIXCニューメディア文化センターの学生による展示会がひらかれます。

　国立フィルムセンターやリガ映画博物館およびノアス文化芸術プロジェクト所蔵の映像作品や短編映画も定期的に上映されます。

Spīķeri, Maskavas iela 12　/　+371 26 40 63 36
火〜金14:00-19:00、土・日12:00-18:00　/　www.kim.lv

124 NAKTS TIRGUS
ナイト・マーケット

　中央市場のすぐ近く、トレンディなスピーケリ創造区の隣では夜を徹して市場がひらかれています。
　夜9時をすぎると、農家の人たちが自転車にどっさり荷物を積んでやってきます。箱や袋の中にはトマトやキュウリ、カリフラワー、太く束ねられた青物がぎっしり。
　買いもの客は、もっぱら転売目当て——ナイト・マーケットで仕入れて、翌朝の市場に卸します。
　もちろん旅行者でもだいじょうぶ。農家の人たちは喜んで、とれたての野菜をキロ単位で卸売りしてくれるでしょう。
　新鮮な野菜もさることながら、ぜひ味わってもらいたいのが市場の雰囲気。市場には単に「カフェイニーツァ」と呼ばれるカフェがあり、サービスも料理もとりたてて言うほどではありませんが、良心的な値段で一晩じゅう楽しめます。

Maskavas iela 12

モスクワ郊外

125 LATGALĪTE ラトガリーテ市場

リガっ子たちは、この市場をラトビア東部のラトガレ地方にちなんで「ちいさなラトガレちゃん」と呼んでいます。

魅惑のごちゃごちゃボロ市。中国から来たものや出所不明のものまで、ガラクタで市場はにぎわいます。

もしかしたら盗まれた自転車が見つかるかもしれません。28.5センチのソ連の軍用ブーツが手に入ることもあります。盗品や海賊版CDを扱うせいで、たびたび閉鎖の危機にさらされてきましたが、ラトガリーテ市場は今もちょっと変わったその看板を高々と掲げています。

F. Sadovņikova iela 9a

126 SV. FRANCISKA ROMAS KATOĻU BAZNĪCA
聖フランシス・ローマ・カトリック教会

　2つの尖塔（とんがり屋根）をもつ教会は、リガに3つしかありません。そのひとつがここ。ちなみに残る2つ（聖アルベルト・ローマ・カトリック教会と聖マルティン・ルター派教会）は、いずれも19世紀に建てられ、リガ左岸のアーゲンスカルンス地区にあります。

　教会が完成したのは1892年のこと。レンガ造りの建物は典型的なネオゴシック様式で、正面の外観はロマネスク様式で装飾されています。

　教会の壁画にもご注目ください。その絵は1900年、イタリア中部の町アッシジにあるフランシスコ派バシリカ聖堂の有名なフラスコ画（ジョット作）をもとに描かれたもの。1960年に修復がおこなわれ、こんにちの美しい姿になりました。

Katoļu iela 16

127 MŪRNIEKU IELA
ムールニエク通り

リガ市内が高級住宅になっていくのを尻目に、このあたりは昔と変わらず労働者階級の人たちが暮らし、美しい木造建築の街並が、ありし日のロマンティックな風情を伝えます。

散歩するなら、ムールニエク通りとマティーサ通りの交差点にある建物の中庭を訪れるべきでしょう。石の彫刻《石工と煙突掃除人》を背景に結婚写真を撮るのがリガっ子流です。

通りの反対側も、これまた独特な雰囲気。あたりはいわゆる色町です。夜の仕事が営まれ、近くの聖パウロ・ルター派福音教会が周囲を見守っています。

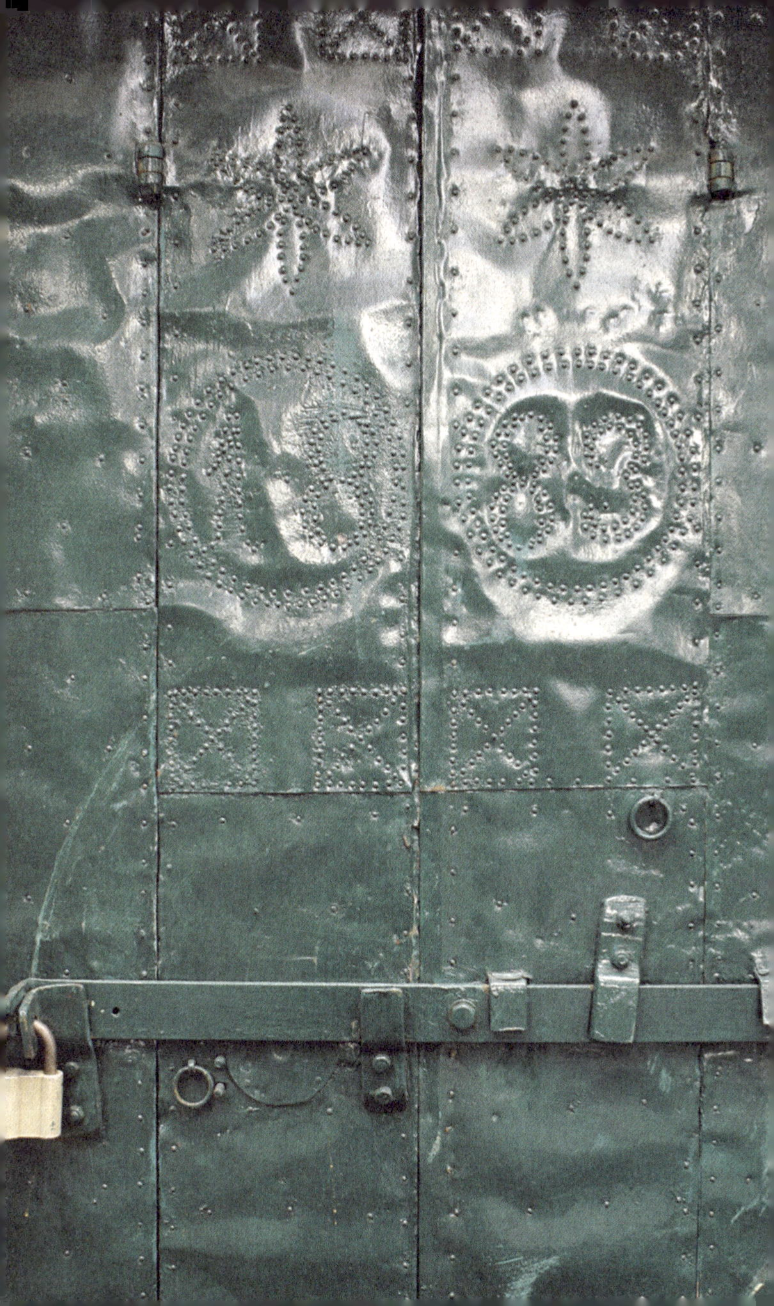

128 Baltijas zivis バルト海の魚

かつて名をはせたバルト海の青白いサーモンも、このところノルウェー産の紅いサーモンに押されぎみ。秋になるとこの紅サーモンが地元漁師の網に引っ掛かることがあって、市場をにぎわせます。

雨の中、海沿いの村まで買い出しに行く気がしない……。そんなときは、リガ中央市場が便利です。

燻製されたヒラメやカレイは朝とれたばかり。ウナギやヤツメウナギ、ニシン、イワシなどバルト海の魚なら何でも手に入ります。

129 Šķērsiela シュケールスイエラ通り

踏切のある通り——シュケールスイエラはパールダウガヴァのはずれの静かな小道です。映画監督イヴァルス・セレックキスがこの通りを一躍有名にしたのは、かれこれ20年も前のこと。シュケールスイエラに暮らす人びとの日常生活を1年にわたって記録したドキュメンタリー映画「踏切のある通り」をご覧になった方もいるでしょう。

映画が撮られた1988年は、ラトビア独立への気運が高まり、劇的な変化へ向けて最初の一歩を踏み出した年でした。シュケールスイエラの人びとは、何が起こるのかわからないながらも、だれもが未来の夢や希望に胸をふくらませていました。

映画では、人びとのあいだの対立や性格の不一致といった葛藤が描かれますが、その対立が、奇妙でロマンティックな結末を損なうことはありませんでした。

その作品から10年を経て、続編も制作されました。独立を果たした1991年以降、人びとの運命や関係性にどのような変化が訪れたか、ありのままの人間を優しく語られながら、そのようすが優しく語られています。

続編の公開からも早や10年余りがたちました。さびれた場所、悲しみを誘う場所——シュケールスイエラは、今も変わらず映画ファンを魅了しつづけています。

130 Kapu tradīcijas 墓地の伝統行事

家族を大事にするラトビア人がずっと守ってきた伝統行事があります。年に一度、毎年6月から8月の日曜日に、ラトビア人は亡き先祖たちに敬意を払います。

近い親戚も遠い親戚もみんなで日曜

日の都合をあわせ、国じゅうから集合します。

先祖に祈りを捧げたあとは、先祖に感謝して、親族一同でランチやディナーの食卓を囲みます。

秋にも同じような行事が各地の共同墓地でおこなわれます。いわゆる「ロウソクの夜」です。地域によって開催時期は異なり、リガではクリスマスの5週前の日曜日におこなわれます。

太陽が沈みはじめるころ、一同は先祖の墓石に集まり、松やトウヒの枝でつくった小さな花冠にろうそくをそえて、墓に供えます。夜がふけ暗闇が深まると全国の墓地は数千本のキャンドルの灯で幻想的に照らしだされます。夢を見ているかのような美しい景色は、胸を熱くして、心の中でいつまでも思い出の灯をともしつづけることでしょう。

131 ライニスとアスパジャ
Rainis + Aspazija

ラトビア文学の精髄ともいえるのが、この夫妻。

夫ライニス（1865〜1929）は詩人であり劇作家、政治家、そして有名な社会活動家として生きました。彼の作品は、ラトビアの運命を予言するものでした。

彼のダウガヴァ長編詩には、ラトビア独立を要求する一篇が収められ、兵士たちはこの詩集を胸ポケットに入れて独立戦争を戦いました。

彼の劇作もラトビアのキャノンといわれます。ゲーテやシラー、ハイネ、シェイクスピア、バイロン、レッシング、プーシキン、イプセンなどの作品にライニスが革新的な訳を与えたことは、ラトビアの文人に大きな衝撃をもたらしました。

「9月11日」が私たちに思いおこさせるのは、おそらく2001年の悲劇でしょう。しかし、もうひとつ、この日はライニスの誕生日でもあるのです。ファンたちは毎年、この日はエスプラナーデにある彼の像につどい、祈りを捧げます。斬新な詩を通して、より良い世界を夢みて尽力した男に敬意を表して。

妻のアスパジャ（1865〜1943）は詩人、脚本家そしてラトビア初の女性解放運動家として生涯を送りました。彼女の劇作は、感情のおもむくままに生きたいと願う女性が偏見に対して戦う姿をあざやかに描いています。

アンドレイサラ ANDREJSALA

アンドレイサラは、リガで工業化が始まった20世紀の雰囲気を色濃く残します。

いっぽう港町から広がる景色の美しさには、思わず身を乗りだしてはしゃぎたくなることでしょう。

これまで産業用の港は立ち入りが禁じられ、リガっ子にもなじみのうすい所でした。それが近年、アンドレイサラの魅力が再発見されつつあります。

アーティストやクリエイターたちをひきつけるようになり、今ではリガのカルチャー地図のランドマークのようになっています。

レム・コールハースの設計による新しい現代美術館が完成するころには、不動のブランドを確立していることでしょう。

132 カフェ・エクスポルト
133 ラトビア素朴派美術館

アートや音楽のイベント情報は、アンドレイサラ地区のウェブサイトが便利です。

www.andrejsala.lv

ダウガヴァ川

Andrejostas iela
Pētersalas iela
Eksporta iela
Hanzas iela
Ausekļa iela
Elizabetes iela
Miķeļa iela

133
132

旧市街方面

132 カフェ・エクスポルト
KAFEJNĪCA EKSPORTS

　アンドレイオスタの波止場は、同じエクスポルタ通りのアンドレイサラ波止場を北方にのぞみ、静かにたたずんでいます。ずっと忘れ去られていたこの波止場が、2011年に全面改装され、生まれ変わりました。

　港のカフェ・エクスポルトで、ヨットを眺め、波の音を聞きながら、ゆっくりおしゃべりするのがおすすめです。

　もちろん魚料理が充実しています。夏になれば、テラスもオープンします。

Eksporta iela 1a　/　+371 26 69 40 45
月〜木11:00-0:00、金11:00-2:00、
土12:00-2:00、日12:00-0:00

133 ラトビア素朴派美術館
LATVIJAS NAIVĀS MĀKSLAS MUZEJS

アンドレイサラのかつて税関倉庫として使われていた建物に、素朴派美術館があります。自己顕示と皮肉にあふれた日常から離れてみるには、格好の場所といえるでしょう。

展示されている作品には、ありのままの人間らしさと前向きな感情があふれています。なかにはエロティックな幻想を帯びたものや、宗教や神話に題材をもとめた作品もありますが、すべての作品に共通することは、子どものような単純さで、すなおにつくられているということ。

こうした素朴な作品の作り手にとって、美術とは、たんに楽しむためのもの。彼らは、何かに立ち向かうわけでもなく、みる人の心を揺さぶることも驚かすこともしません。ましてや、独自の新しさや手法を見せつけることもありません。彼らはただ、「心地よく、楽しく、美しいもの」をつくろうとしているだけなのです。

Andrejostas iela 4
水〜日12:00-19:00（5月〜9月のみ）
www.noass.lv/museum

145 アンドレイサラ

キープサラ島 KĪPSALA

街の中心からヴァンシュ橋を渡って旅に出かけましょう。

この小さな島では、おなじみの丸石の敷かれた通りが今もあちらこちらにあり、改装された木造建築と新しい建物や工場の跡地がみごとに共存しています。

中心地にとり残された木造建築のいくつかは、キープサラ島に安住の地を見いだしてきました。たえず進化しつづける大都会で追放宣告を下された古い建物は、この島に移築され息を吹きかえすのです。

島からの眺めは、市内屈指のパノラマ。まるで絵葉書のように非の打ちどころのない完璧な景色が広がります。

活気づく港のクレーン、乗客を乗せて港を行き来する船やボート、そして旧市街の家並や教会の尖塔など、ここからしか見られないリガの一面をお楽しみください。

134　キープサラ島の木造建築
135　レストラン・ファブリカ

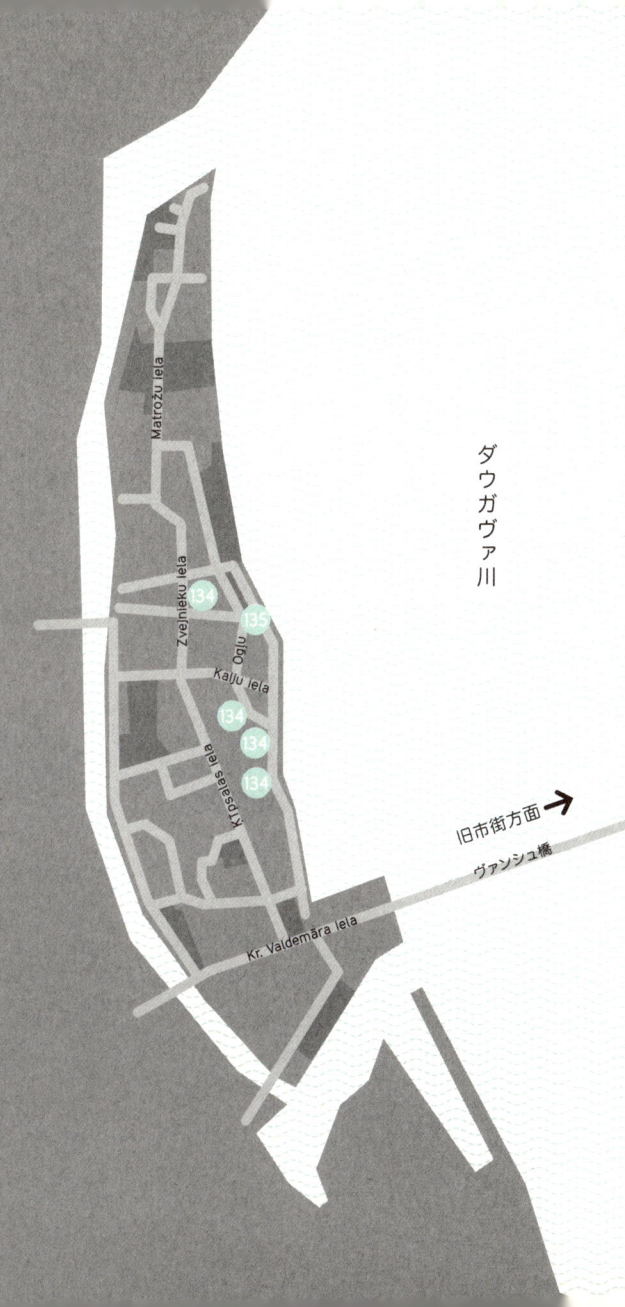

ダウガヴァ川

Matrožu Iela
Zvejnieku Iela
134
135
Oglu Iela
Kaiju Iela
134
134
Kīpsalas Iela
134

旧市街方面 →
ヴァンシュ橋

Kr. Valdemāra Iela

134 KĪPSALAS KOKA ARHITEKTŪRA
キープサラ島の木造建築

　リガ市内の木造建築は、ユネスコにも登録される文化遺産です。その多くは、ダウガヴァ川に浮かぶキープサラ島で見ることができます。

　ひとくちに文化遺産といっても、美しく修復された建物もあれば、今っぽく改築されたものまで、じつにさまざまです。バラスタダンビス通り60番地の建物のように、都心からこの島に移された例もあります。隣のオーストラリアホームもみごとです。ズヴェユンイエク通り5a番地では、ロマン派の芸術家エイジェンス・ラウベが設計した格調高い建物をご覧ください。

　島にジャニス・リプケ博物館の建設が始まったのは2009年のこと。ナチのラトビア占領時代（1941〜45年）、ジャニス・リプケと妻ヨハンナは、多くのユダヤ人たちを自宅の地下倉庫にかくまい、命を救いました。その数は55人以上といわれています。

135 RESTORĀNS FABRIKA
レストラン・ファブリカ

　キーブサラ島の石こう工場の跡地に店を構えるレストラン・ファブリカ。港町リガを見まわしても、ここから眺める川辺の見晴らしほど美しい景色を見つけるのは難しいでしょう。

　しかもこの美しさは一年じゅう色あせることがありません。そよ風が心地よい夏のテラスからも、店内の窓ぎわの席からも、目のまえに広がる景色はとびきりです。

　まるで大きなポストカードに描かれたような街の眺めは、四季や天候、街の灯りそして太陽の傾きによってさまざまに彩られ、刻々と移ろうあざやかな表情を見せてくれます。

Balasta dambis 70　/　+371 67 87 38 04
毎日11:00-1:00　/　www.fabrikasrestorans.lv

パールダウガヴァ PĀRDAUGAVA

リガの左岸、パールダウガヴァ（ダウガヴァ川の向こう岸を意味します）は、中心地とは異なる速度で、ゆっくり発展を遂げ、そこかしこに小さな町の魅力を残しています。

ある面、ちょっとダサくて田舎くさく見えたりもするけれど、それも魅力のうち。

自転車のペダルを踏んで、あてのない旅にでかけましょう。

行き当たりばったり、細い路地裏に寄り道したり、大昔から時がとまっているかのような木造住宅の中庭に忍びこんでみたり、たくさんある公園のひとつを訪れてみたり、さまざまな楽しみが待ちうけています。

- 136 船上のギャラリー ノアス
- 137 芸術サロン ムークサラ
- 138 ラトビア鉄道歴史博物館
- 139 アルカーディヤス公園
- 140 ウズヴァラス公園
- 141 フリチャ・ブリーヴゼムニエカ通り
- 142 トルニャカルヌス駅
- 143 ルター派教会
- 144 アーゲンスカルヌス市場
- 145 テンプリャ通りの中庭
- 146 アリセス通りの給水塔
- 147 スピルヴェ空港
- 148 樺の木

地図

- 147 イルグツィエムス
- ジルツィエムス
- マールティニャ共同墓地
- キープサラ島
- ダウガヴァ川
- Balasta dambis
- Dzirclema iela
- 旧市街方面
- ヴァンシュ橋
- Kr. Valdemāra
- Ağdīs
- アクメンス橋
- 136
- クリーペルサラ
- Meistra iela
- Stokas iela
- 146
- Kaincīema iela
- Kapseļu iela
- Nometņu iela
- 145 アーゲンスカルヌス
- 140 Stokas iela
- ウズヴァラス公園
- 138
- 144 Bāriņu iela
- 137
- Mārupes iela
- 139 アルカーディヤス公園
- O. Vācieša iela
- 141
- 142 トルニャカルヌス
- 143

136 PELDOŠĀ GALERIJA NOASS
船上のギャラリー　ノアス

　ノアスは、ダウガヴァ川に浮かぶ船の上にあり、毎年開催されるビデオと現代アートのフェスティバル「ウーデンスガバリ」が専門家のみならず、広く人気を集めています。

　船内にある映像アーカイヴは無料で利用でき、ラトビアの映像芸術の歴史をほぼすべて網羅しているといえるでしょう。

AB dambis 2
+371 67 70 32 41　/　月～金10:00-18:00　/　www.noass.lv

137 MĀKSLAS SALONS MŪKUSALA
芸術サロン　ムークサラ

　個人がもつ芸術コレクションを紹介してくれる場所として、ムークサラはリガで類を見ない存在です。

　ラトビアの芸術界でいちばん輝いている作品や作家を紹介し、進行形のムーヴメントの主要人物に引き合わせてもらうこともできます。

　美術館に展示されることのない知られざる傑作を見たければ、ぜひ訪れてみてください。

Mūkusalas iela 42　/　+371 28 64 08 86
火〜金12:00-18:00、土11:00-16:00、日・月休
www.mmsalons.lv

138 LATVIJAS DZELZCEĻA VĒSTURES MUZEJS
ラトビア鉄道歴史博物館

　長く車庫や修理場として使われていた建物が、鉄道歴史博物館として生まれ変わりました。
　鉄道の待合室が復元され、駅長室や切符売場に入ってみることもできます。ディーゼル機関車や電気機関車、そのほか1930年代の客車やソ連時代の囚人用車輌も展示されています。

Uzvaras bulvāris 2/4 ／ +371 67 23 28 49
火〜日10:00-17:00、木10:00-20:00
www.railwaymuseum.lv

パールダウガヴァ

139 ARKĀDIJAS PARKS
アルカーディヤス公園

　アルカディア。ユートピア。リガっ子たちが思い描く牧歌的な理想郷——アルカーディヤス公園があるのはダウガヴァ川の左岸、マーラス池のすぐ近く。さまざまな眺めを楽しめるよう整備され、目をみはるようなすばらしい景色が広がります。そう、まるで理想郷のような。

　マーラス池の周辺は古くから保養地として愛されてきました。広々とした散歩道、ちいさな滝、かわいい橋。それらすべてが街の人びとを忙しい日常生活から誘い出し、のどかな田園風景へといざないます。

　ゆったりした気分で散策すれば、かつてここを舞台におこなわれた祭りや演奏会のロマンティックな雰囲気を感じられることでしょう。

Ojāra Vācieša iela

140 UZVARAS PARKS
ウズヴァラス公園

毎年5月9日、数千の人びとがウズヴァラス公園（戦勝記念公園）に集まり、対独戦（ロシア人のいう大祖国戦争）の終結を祝福します。この日、公園に居合わせたなら、軍の勲章を胸いっぱいに飾った退役軍人の姿を目にして、ソ連時代にタイムスリップしたような感覚を味わうことでしょう。

記念式典が終われば、いつもの静けさが戻ります。リガっ子たちは、この静かな公園を訪れ、ジョギングしたり犬の散歩をしたり、自転車やスケートボードを楽しみます。冬になると人工雪を使ったクロスカントリーのスキー場が現れます。

Uzvaras bulvāris 15

141 FRIČA BRĪVZEMNIEKA IELA
フリチャ・ブリーヴゼムニエカ通り

トルニャカルヌス駅と近くの墓地の間、作家フリツィス・ブリーヴゼムニエクスにちなんで名づけられた通りには、美しい木造建築と庭園が広がります。

ブリーヴゼムニエカ通り7番地へ向かえば、リガの市長を務めたジョージ・アーミステッドが暮らした立派な木造邸宅が見えてくるでしょう。イギリスに生まれた彼は、1901年から12年にかけて都市がめざましい発展をとげた時代に市政にあたりました。

通りの反対側も訪れてみましょう。「12、14、16、18」と番号がみえる建物の裏へまわると、すてきな庭園があります。

インドリカ通り4番地の木造建築も、だれもが見落とす穴場スポットです。

もうひとつ、ブリーヴゼムニエカ通りの鉄道橋も隠れた絶景スポット。リガ旧市街の尖塔が描き出す感動的な景色に思わず足をとめ、しばし引きこまれてしまうことでしょう。

157 パールダウガヴァ

142 TORNAKALNA STACIJA
トルニャカルヌス駅

1868年に開業したトルニャカルヌス駅はある悲劇によって歴史にその名を刻んでいます。時は1940年6月14日と49年5月25日、リガ市および近郊に暮らす数千の家族がこの駅から5万7000を越える人びとが手荷物をもってシベリアに追放されたのです。

家畜用の列車につめこまれました。シベリアに着くや家族は引き裂かれ、男たちは労働キャンプに連行され、女や子どもは遠く離れた何もない村に置き去りにされたといわれます。この極寒の地に連行された人びとの多くが病気や飢えや寒さのためになくなりました。

駅の記念碑には、「1940年6月14日に1万5424人、1949年5月25日に4万2125人がラトビアからシベリアへ追放された」と刻まれています。当時の家畜用車輛も再現され記念館に置かれています。

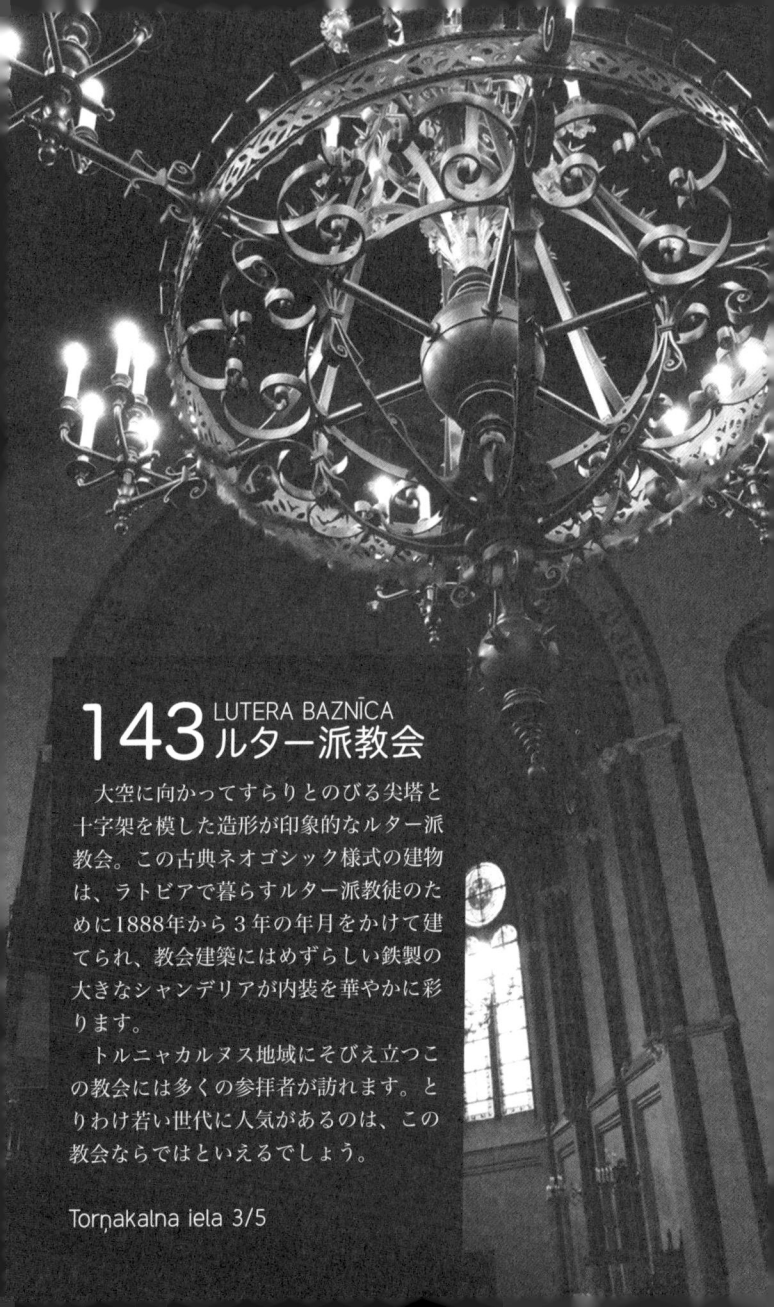

143 LUTERA BAZNĪCA
ルター派教会

　大空に向かってすらりとのびる尖塔と十字架を模した造形が印象的なルター派教会。この古典ネオゴシック様式の建物は、ラトビアで暮らすルター派教徒のために1888年から3年の年月をかけて建てられ、教会建築にはめずらしい鉄製の大きなシャンデリアが内装を華やかに彩ります。

　トルニャカルヌス地域にそびえ立つこの教会には多くの参拝者が訪れます。とりわけ若い世代に人気があるのは、この教会ならではといえるでしょう。

Tornakalna iela 3/5

144 ĀGENSKALNA TIRGUS
アーゲンスカルヌス市場

　リガ左岸のアーゲンスカルヌス市場。この市場は、歩けばすぐ通り抜けられるほど小さいけれど、よりすぐりの商品がそろいます（手早く買いものをすませたいときには、もってこいというわけです）。

　建築家レインホルド・シュメリングにより設計された赤レンガのアールヌーヴォー建築は、20世紀初頭に竣工しました。

　買いものに疲れたら、2階のカフェでひと休みしましょう。おしゃれなカフェを想像してはだめですよ。生活感あふれる店内に、つつましく置かれたプラスチックのテーブルや造花のリース。メニューまで、まるで旧ソ連のカフェテリア……。懐かしい気分にひたりたいときにどうぞ。

Nometņu iela 64　/　毎日7:30–18:00

145 TEMPLA IELAS PAGALMS
テンプリャ通りの中庭

　ガイドマップを手にした旅行者でごったがえす観光名所よりも、ちょっと寄り道しながら路地裏を散策するのがお好みなら、アーゲンスカルヌス市場のそばにあるテンプリャ通りはもってこいといえるでしょう。

　テンプリャ通り3番地の建物は、くだけていながらどこか上品。プライベートな中庭は、改装されてウッディな仕上がりが愛らしく、建築のガイドブックも絶賛するほどです。

　2度の世界大戦で被害をうけ、ソ連占領下で何十年ものあいだ放置されていたにもかかわらず、リガにはすばらしい木造建築がたくさん残されています。

　ほら、玄関先や回廊にほどこされている手のこんだ装飾はご覧になりましたか？

　ひととおり見終えたら、エルネスティーネス通りやカブセリェス通り、ラプ通りへ出て、ぶらぶら散策しましょう。あたりに建ちならぶ2階建ての住宅は19世紀末から1940年にかけての建築で、一軒一軒つくりも異なれば、材料もさまざまです。

　レルモントヴァ通りにやってきたら、つきあたりにルドルフ・ハインリホ・ゼィルクウィツが設計した折衷様式の木造住宅が見えるでしょう。1880年に建てられたこの家は現在、麻薬中毒者のリハビリ施設として使われています。

146 ŪDENSTORNIS ALISES IELĀ
アリセス通りの給水塔

リガは昔からとんがり屋根と煙突の街ですから、リガっ子たちは灯台や給水塔も大好きです。

給水塔には、産業遺跡として保護されているものもあれば、偶然そのままの形で残っているものもあります。

なかでも変わっているのは、アーゲンスカルヌスちかくで1910年に完成した給水塔。アリセス通りとクリスタパ通りの交差点にあって、正面の石門にリガの紋章が刻まれています。塔の背後には1950年代に完成した、街で初めてのソ連式の団地がそびえ立っています。

チェクルカルヌスにある1912年に建てられた給水塔もご覧ください。マティーサ通りのつきあたり、共同墓地の近くでは、1896年から97年につくられたとされる2体の古びた巨人像に出会えるでしょう。町でもっとも古いこの巨人像は、過ぎし時代の番人として、今も堂々と立ちはだかります。

パールダウガヴァ | 162

147 スピルヴェ空港
SPILVES LIDOSTA

ダウガヴァ川の左岸にあるスピルヴェ空港は1950年代から70年代、リガの空の玄関として外国から訪れる人びとを迎えていました。

スターリン体制最後の年、1953年に建設が始まり、翌年完成した空港のメインホールには、今も巨大な壁画が残されています。壁画に描かれているのは民族衣装に身をつつんで幸せそうにほほえむラトビアの若者たち、共産主義の赤い旗を振りながら、同じようにほほえむロシアの若者を歓迎する姿も見えます。

建物の正面には、いまだにソ連の国章がかかげられています。

1973年に主要空港の座を明け渡すと、人びとが行き交いにぎわったスピルヴェ空港もすっかり朽ち、忘れさられていきました。

今も残された建物には「警備中」と書かれた小さな看板がさげられています。ロシア語を話すガードマンはとても気さくなおじいさん。機嫌がよければ、過ぎし時代の無言の建築遺産を間近で見せてくれるかもしれません。

Spilves iela 1

148 BERZI 樺の木

樺の木には力強い生命力が備わっています。たとえまわりの木々が枯れてしまっても、樺の木だけは生き残るのですから。そう、それは、つらい歴史を乗り越え、歩みをやめなかったラトビア人のように。

銀色にかがやく幹、暖炉にくべたときのほっこりする暖かさ——樺の木は、ラトビア人がずっと大切にしてきた母国のシンボルといえるでしょう。

春の暖かな日差しが地表の雪をとかすころ、ラトビア人は樺の木から樹液をとりだします。ミネラル豊富な樺の樹液は、健康をもたらす万能薬ともいわれます。発酵させれば次の年までもち、干しブドウとレモンの皮を入れておけばより長く保存できます。黒いブドウの木から切り取った小さな枝を入れるのも、おいしさを保つ秘訣です。

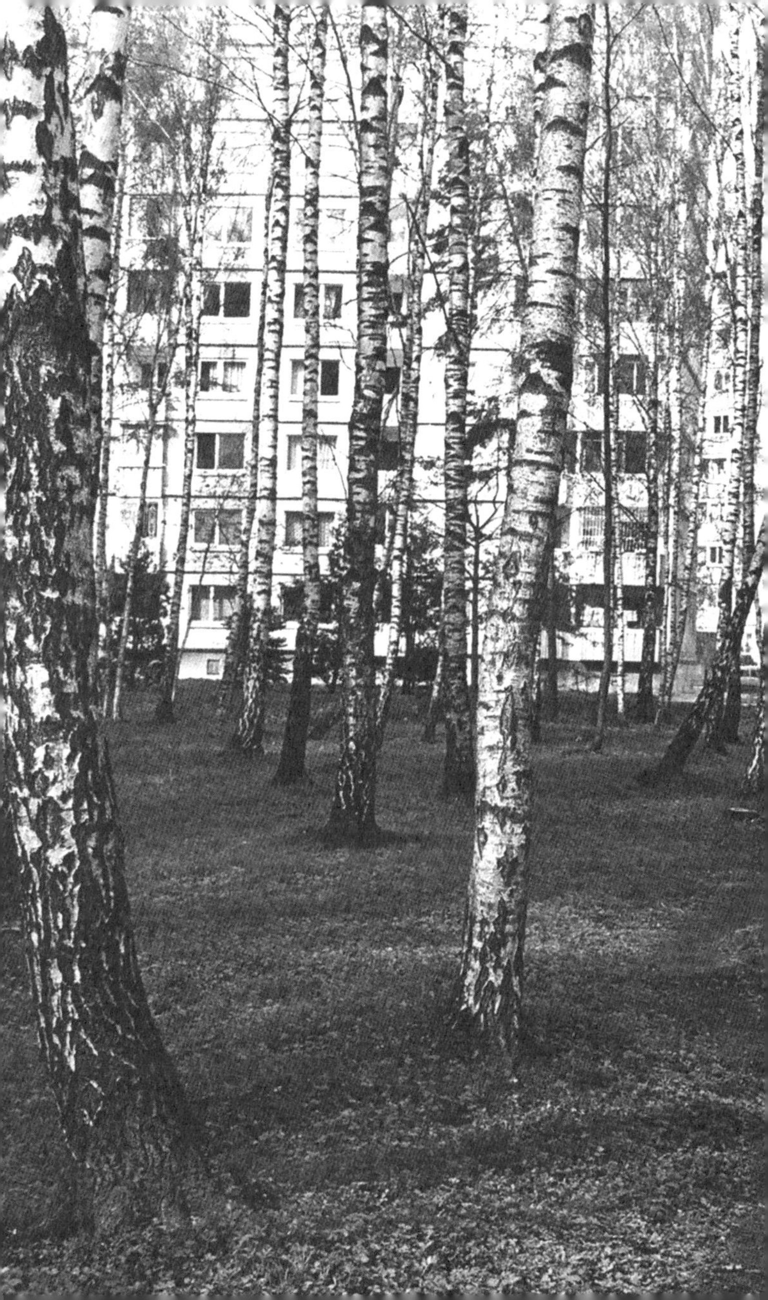

郊外とユールマラ RĪGAS PRIEKŠPILSĒTAS & JŪRMALA

- 149 ボルデラーヤ
- 150 ヴァカルブッリ
- 151 クンジンサラ
- 152 マヌガリュサラ桟橋
- 153 マンガリュイの串焼き肉
- 154 モーター博物館
- 155 メジャパルクス住宅都市
- 156 キーシュエゼルス湖
- 157 歌と踊りの祭典
- 158 ブラーリュ共同墓地
- 159 松の木
- 160 ゼィルグザンダレス乗馬センター
- 161 ラトビア民族野外博物館
- 162 ユールマラ

RĪGA

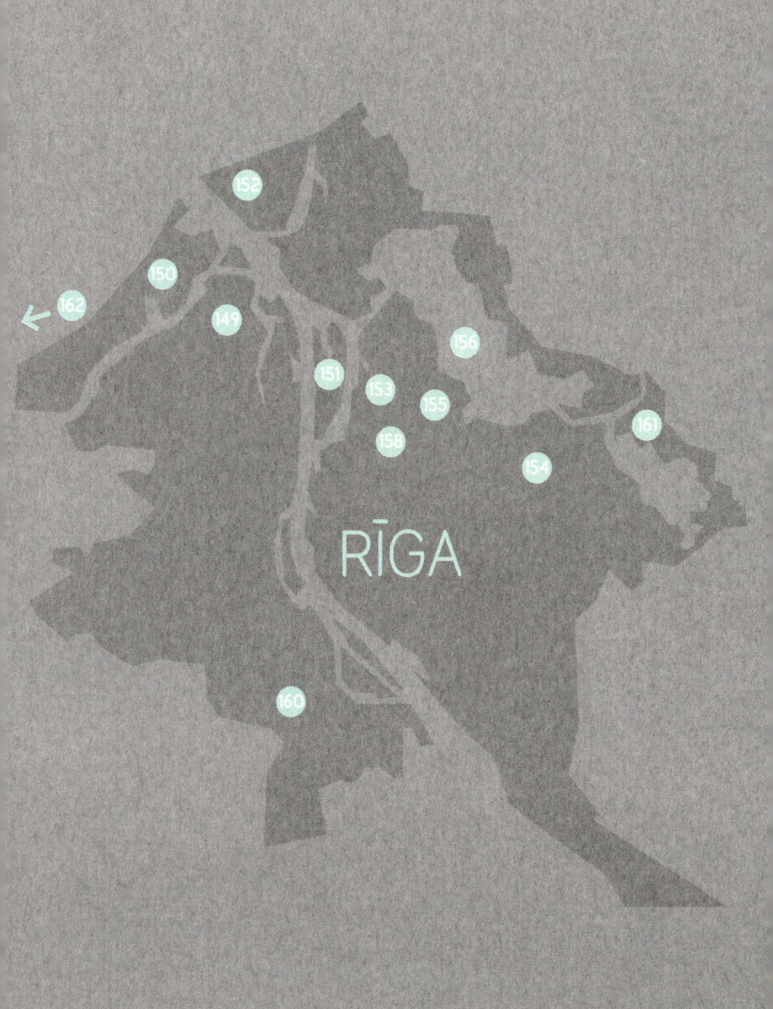

149 BOLDERĀJA ボルデラーヤ

飾りつけのない所へご案内しましょう。労働者階級が暮らす古い町ボルデラーヤは、開発から取り残された地。あたりの砂浜や川辺、手入れされていない草地からなる素朴な景色も手伝って、田舎に帰ってきたような穏やかな心地がするかもしれません。

ボルデラーヤは戦略上の要地でもあり、17世紀にはスウェーデンがここに要塞を築きました。今ではソ連のブルータリズムを代表するいくつもの単調な住宅地に取り囲まれるように、絵画のように美しく古びた木造りの建物が軒を連ねています。

ボルデラーヤへの日帰り旅行から帰ってくると、生粋のリガっ子でさえ「この取り残された地もリガの一部なんだよなあ」と、しみじみ感慨にふけってしまいます。

150 ヴァカルブッリ
VAKARBUĻĻI

　海辺の空気を胸いっぱいに吸いこみたくなることってあるでしょう？

　そんなとき、定番はユールマラですが、じつはもうひとつ選択肢があるんです。

　ボルデラーヤ・ビーチとして知られるヴァカルブッリは、ゴミひとつない白い砂浜ときれいな海水、そしてよく整った施設をあわせ持つとして国際環境基金から授与された「青い旗」を誇らしげにかかげています。

151 KUNDZIŅSALA
クンジンサラ

この地を訪れるときは、トヴァイカ通り沿いをゆくことをおすすめします。途中、黄色いお化け屋敷「プロヴォドニック」がずっと見えていることでしょう。その正体は、かつて世界一の大きさを誇った古いゴム工場——端から端まで500メートルの建物は市内最長記録です。

そんな工場を横目に線路を渡れば、ラトビアの「運命の川＝ダウガヴァ川」の支流サルカンダウガヴァ（赤いダウガヴァという意）が見えてくるでしょう。やがて向こう岸にクンジンサラが姿を現します。

小さな島々からなるクンジンサラは、リガの生態系を守る貴重な自然の宝庫です。カモメや水鳥は昔からずっと、ここに巣をつくって暮らしてきました。鳥たちを間近で見られるとあって、写真家たちはこぞってこの地を訪れます。春にはライラックの花が香り、秋には落ち葉のにおい。この地の静寂さはいつだって変わりません。

郊外とユールマラ | 170

152 MANGAĻSALAS MOLS
マヌガリュサラ桟橋

バルト海からリガにやってくる船は、ダウガヴァ川の河口に位置するマヌガリュサラの桟橋に到着します。

桟橋に立てば、川を流れてきた水とリガ湾の水がぶつかる、なんとも不思議な光景が見られるでしょう。

19世紀に建設されたこの桟橋には、ロシアの支配者も関心を寄せました。記念碑はロシア皇帝アレクサンドル2世とニコライ皇太子がここを訪れた史実を伝えます。

153 ŠAŠLIKS RESTORĀNĀ MANGAĻI
マンガリュイの串焼き肉

　ラトビアの国民料理ともいうべき串焼き肉をたらふく食べたいときは、シャシリク食堂へどうぞ。

　この店で内装の話をするのはやめておきましょう。テーブルは古びた教室を思い出させますし、フォークは安っぽいアルミ製（ちなみにナイフなんて使いません）、コップは曇りガラスでできています……。ところが味は文句なし。まずはマリネされた羊肉、豚肉、鶏肉からひとつお選びを。ざっくり切られたトマトと、塩で味付けされたキュウリ、青々した野菜もお肉と合わせてどうぞ。

　グルジア人のオーナーとその家族がやさしく見守るなか、極上の料理を心ゆくまで召し上がれ。

Mores iela 22　/　+371 67 39 52 57

154 MOTORMUZEJS
モーター博物館

　リガのモーター博物館は、自転車、オートバイ、乗用車など19世紀末から20世紀にかけてつくられた200点以上の乗り物が展示され、バルト諸国最大の規模を誇ります。

　ソ連の指導者ブレジネフに贈られたロールスロイス・シルバーシャドウ。1912年ルッソ・バルト社製の消防車。スターリンを乗せたリムジン（厚さ7センチの防弾ガラスを装備しています）。

　1938年アウトウニオン社製のレーシングカー（時速320キロのスピード記録を残しました）もここにあります。

　乗り物マニアにはたまらないこの場所で、文明の進歩に思いを馳せてみては。

S. Eizenšteina iela 6 / +371 67 02 58 88
毎日10:00-18:00 / www.motormuzejs.lv

155 MEŽAPARKS
メジャパルクス住宅都市

樹木に覆われし町――メジャパルクス住宅都市は、ロシア帝政における田園都市の最初の試作モデルのひとつ。「王の森」とうたわれ人気を集めました。

あたりの広々とした邸宅は、アールヌーヴォー様式や機能主義で建てられています。

同じ名前の公園があることをご存じでしょうか。大きな森に囲まれたその公園は、松の木が香る遊歩道があり、散歩する人にもサイクリングやローラースケートを楽しむ人にも人気です。リガの都心から数キロしか離れていないのに、のどかな田舎町にいるような心地がすることでしょう。

週末になれば、子連れの家族たちがやってきます。近くのリガ動物園の帰りに立ち寄るのが定番のコースです。

郊外とユールマラ | 174

156 キーシュエゼルス湖
KĪSEZERS

リガにすっぽりとおさまる美しい湖。夏には真っ白い砂浜が太陽の光を浴び、耳をすませば湖のさざなみがきこえます。

あれこれ考えごとをしながら釣りをするのもおすすめです。

シャツをふわりと浮かせるそよ風は、あなたをヨットやサーフィンへいざなうことでしょう。

寒い季節も、眉間にしわを寄せ、肩をすぼめなくてもだいじょうぶ。スキーやスケートなど、冬には冬の楽しみかたがあるのですから。

157 DZIESMU UN DEJU SVĒTKI
歌と踊りの祭典

1万8000人の合唱団が野外競技場でいっせいに歌う、5年に一度の祭典。とにかく何もかもが驚愕の規模で、ひとたび見れば、忘れられない体験になることまちがいなし。ユネスコ《人類の口承および無形遺産》に登録されているのも納得です。

祭典が初めて開催されたのは1873年のこと。やがて祭典はラトビア文化を彩る重要なイベントになり、以来24回、欠かさずおこなわれてきました。

今では、ラトビアの国じゅうからおよそ3万人の参加者が集まります。

リガ市内の通りをねり歩き、熱狂につつまれる伝統のパレードもお見逃しなく。

グランドフィナーレは、もちろん合唱団によるメジャパルクス競技場に響き渡ると、会場は感動につつまれ思わず目頭が熱くなることでしょう。

次回の祭典は、2013年におこなわれます。

158 BRĀĻU KAPI
ブラーリュ共同墓地

　ブラーリュ（兄弟を意味します）共同墓地は神聖な場所。ラトビア独立を勝ちとるための戦いが力強く表現されています。

　第一次世界大戦および独立戦争で命を落とした2000人以上の戦没者がここに埋葬されています。自由記念碑の設計を手がけた彫刻家カールリス・ザーレは1924年から36年にかけて、仲間の芸術家や建築家と力を合わせてこの共同墓地の建設を押し進めました。

　荘重な正門をくぐり、菩提樹の並木道を真っすぐ進むと英雄たちの廟にたどりつきます。廟には力強さを象徴するオークの木が植えられています。墓地の中央には絶えずメラメラと燃えあがる炎。さらに奥へ進むと戦没者の墓地が見えてくるでしょう。その両脇に立ちはだかる石造りの騎士像のなんともたくましいこと。

　《ラトビアの壁》には国じゅうの町や地域の紋章があしらわれています。

　《母なるラトビア像》の足元の壺には、全国517の教区から集められた土が納められ、毎日数百人の人びとがキャンドルを捧げに訪れます。

Aizsaules iela 1

159 松の木
PRIEDES

ラトビアを旅行中、松の木を見かけない日があるでしょうか。そう、松は森の中でも街の中でもどこでも育つ優秀な木なのです。古いラトビアの詩に、《折れた松の木》という作品があります。その詩も手伝って、ラトビア人はこの堂々とした木と自分たちを一体と考えるほどに、松の木を大切にしています。

160 ZIRGZANDALES
ゼィルグザンダレス乗馬センター

　旧市街からわずか14キロ、ゼィルグザンダレス乗馬センターは、朝から晩まで都会で働くあなたを田園のオアシスへいざないます。乗馬初体験の方も馬が苦手な方もだいじょうぶ。当センターの熟練スタッフの手ほどきを受ければ、みるみるうちに上達しますから。

　オーナーのサンドラ・ザイツエヴァさんによると、乗馬には心と体を癒す不思議な力があるのだとか。

　馬に乗って、渡り鳥の生息地として知られるマールペやオラィネの湿地を駆けめぐりましょう。運が良ければ、行く先々で鹿やキツネ、ウサギやイノシシたちが歓迎してくれることでしょう。

Mārupes novads, mājas "Zandeļi"
+371 29 12 88 41 / www.zirgzandales.lv

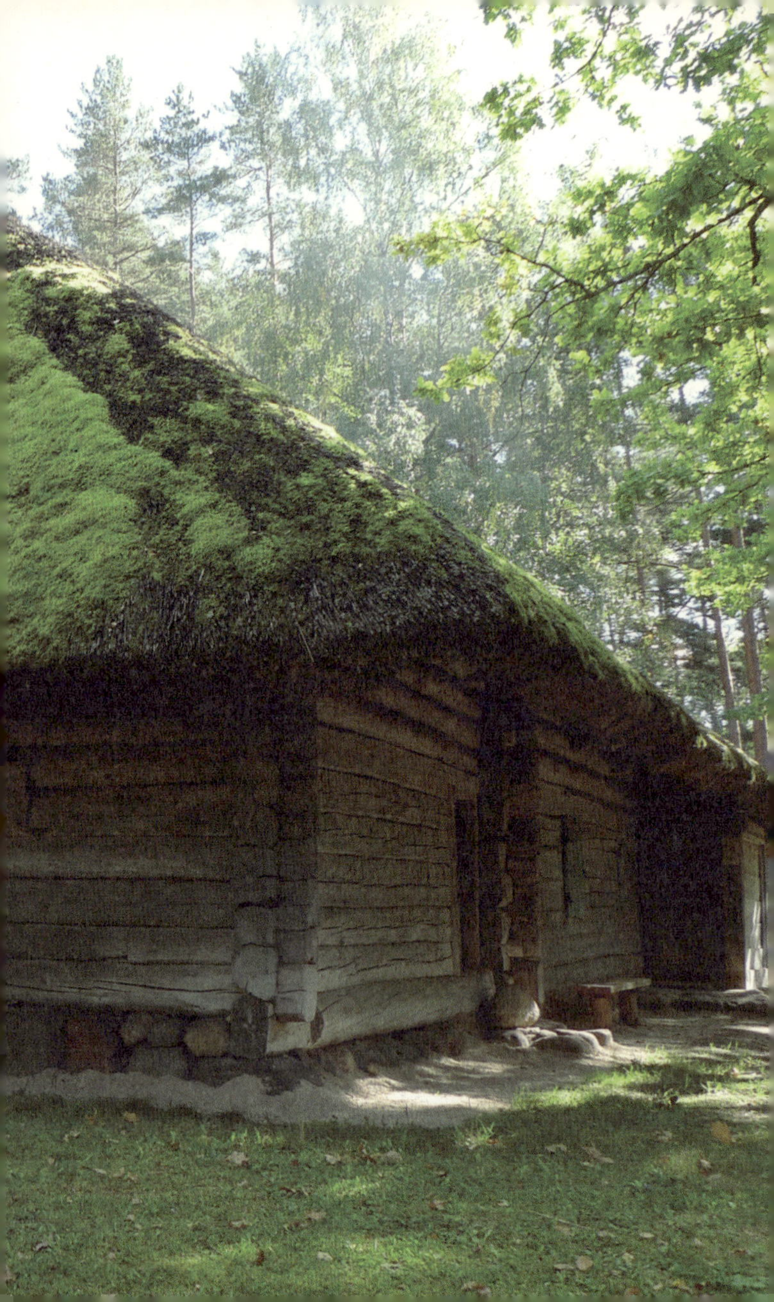

161 ラトビア民族野外博物館
LATVIJAS ETNOGRĀFISKAIS BRĪVDABAS MUZEJS

　すがすがしく晴れた午後は、民族野外博物館でのピクニックをおすすめします。

　ユグラ湖に沿って広がる世界は、自給自足で生活し、車などなかった大昔に迷いこんでしまったかのよう。

　1924年に創設され、87ヘクタールの広大な土地をもつこの博物館は、農場や風車、鍛冶場や陶器を焼くための窯などをふくむ118の建物からなっています。敷地に立つ木造のルター派教会は、18世紀に建てられた最古の教会のひとつ。

　あちこちに点在する建物は、どれもこれもラトビアの多様な歴史を反映する各時代の代表的建築です。国じゅうからこの地に運ばれ、伝統の技をもつ職人たちの手でふたたび組み立てられました。

　6月最初の週末には大きな民芸市がひらかれ、アーティストや職人がつくる質のよい織物や陶器を目当てに人びとが押し寄せます。市にあわせて民族音楽の歌と踊りもおこなわれます。

Brīvības gatve 440/ www.brivdabasmuzejs.lv
毎日10:00-17:00（夏は、一部20時まで開館）

郊外とユールマラ

162 ユールマラ
JŪRMALA

　北部ヨーロッパきっての保養地ユールマラ。リガの中心から電車や車でわずか20分、真っ白な砂浜が広がるビーチに松の木が生い茂る森、健康や美容によいといわれる温泉や天然の泥——この地は18世紀以来ずっと旅行者に愛されてきました。

　ユールマラの魅力はなんといってもその砂浜にあります。透き通るような白い砂浜が33キロにわたって続き、カフェやレストラン、ホテル、スパ、別荘が軒を連ね、ボート漕ぎやヨット遊び、釣りなどウォータースポーツが心をさそいます。浜辺で日光浴して、のんびりくつろぐのも自由です。波打ちぎわから少し離れると砂場は固くなっていますから、海を間近にながめながら散歩やサイクリングを楽しむこともできるでしょう。

　風の強まる春や秋には、浜辺に勢いよく白波が押し寄せます。めずらしい黄色い石が浜に打ち上げられることがあり、嵐がおさまると琥珀を探す人びとが現れます。

　冬になると訪問者はめっきり減りますが、浜辺や砂丘でクロスカントリースキーが楽しめます。

　寒さの残る冬の終わりには、風で打ち上げられた巨大な氷の山が見られるかもしれません。

　最後に建築も紹介しましょう。ユールマラには20世紀初頭に建てられた美しい別荘が数多く見られます。多くは国民的ロマン主義の要素をとりいれたアールヌーヴォー様式でつくられ、そのほか古典主義や歴史主義、機能主義など、さまざまな様式の木造りの建物が残されています。

リガの伝説
LEGENDA PAR RĪGU

　古い言い伝えによると、ラトビアの「運命の川」であるダウガヴァ川には水の精が暮らしていたそうです。水の精はときおりリガっ子の前に現れては、いつも同じ質問を投げかけます——「リガはもうできた？」と。

　ところが用心深いリガっ子は、答え方しだいで、町の運命を変えてしまうかもしれないと考えました。だから水の精に出会うときは「リガはまだ準備中だよ」と、みな口をそろえて答えていたそうです。なぜって？　もしだれかが「リガはもうできたよ」なんて答えると、町はたちまち洪水に襲われ、川の底に沈むと言い伝えられていたからです。

　そんなわけでリガは「いつも準備中」、たえず変化しつづけているのです。「リガはなんど訪れても楽しいのよ」なんてリガっ子が自慢するのも納得でしょう？

　橋であれ公園であれ、道であれ建物であれ、次から次へと新しいものがリガに仲間入りしてゆきます。

　なんといっても、リガは未完成ですから。

　願わくは、いつまでもリガが「準備中」でありますように。

ラトビア略史

13 世紀初より　ドイツ騎士団が進出し、領有。
1282 年　リガがハンザ同盟に加盟。
1583 年　リヴォニア戦争の結果、リトアニア・ポーランド領となる。
1629 年　スウェーデン・ポーランド戦争の結果、一部分がスウェーデン領となる。
1721 年　北方戦争の結果、大部分がロシア領、残りはポーランド領となる。
1795 年　第 3 次ポーランド分割により全土がロシア領となる。
1918 年 11 月 18 日　独立を宣言。
1920 年 8 月　ソビエト・ロシアとの間に平和条約締結。
1940 年　ソ連に編入。
1941 年　第二次世界大戦により全域がナチス・ドイツの軍政下に入る。
1945 年　ドイツ降伏。再びソ連領となる。
1990 年 3 月　共和国最高会議選挙。
1990 年 5 月　独立回復宣言。
1991 年 8 月　共和国の地位に関する基本法採択。
1991 年 9 月 6 日　ソ連国家評議会バルト三共和国の国家独立に関する決定を採択。
2004 年 3 月 29 日　NATO 加盟。
2004 年 5 月 1 日　EU 加盟。

連絡先

ラトビア政府観光局（日本代表）
東京都中央区東日本橋 3-9-11-5F
03-6661-2045
www.latvia.travel/ja

リガ市観光局（RTAB）
www.liveriga.com

在ラトビア日本大使館
Vesetas iela 7, Rīga
+371 67 81 20 01

ラトビア共和国大使館
東京都渋谷区神山町 37-11
03-3467-6888

ラトビア語のあいさつ

Paldies　パルディエス
ありがとう

Lūdzu　ルーズ
どういたしまして

Labrīt　ラブリート
おはようございます

Labdien　ラブディエン
こんにちは（夕方まで）

Sveiki　スヴェイキ
こんにちは

Labvakar　ラブヴァカル
こんばんは

Uz redzēšanos　ウズ　レゼーシャノス
さようなら／またお会いしましょう

Ar labu nakti　アル　ラブ　ナクティ
おやすみなさい

Jā　ヤー
はい

Nē　ネー
いいえ

Čau　チャウ
やあ／じゃあね

ミトン 38
ヤーニュ・チーズ 122
ラトビアのライ麦パン 123
リガ・ブラック・バルサム 38

書　店

古書の店ウェーストゥレ 120
新刊と古書の店ユマヴァ 89
地図の店ヤーニャ・セータ 76
古本の店プラネータ 97
本とデザインの店ルカブカ 46
ロバートさんの本屋 67

コスメティクス店

エコブティック 69
ピエネネ 13

デザイン店

家庭用品の店リイヤ 88
サプニュ・ファブリカとトレンティーニ 121
ゼストア 112
フォルドライフ 103
ブテリヨン 109
本とデザインの店ルカブカ 46

ファッション店

アトリエ・ナチュラルズ 104
ZOFA 63
ナターリヤ・ヤンソネ 36
マダム・ボンボン 61

マレウンロルス 118

宝飾店

ギャラリー・プッティ 33

レコード店

音楽と楽器の店ウペ 32

スポーツ店

ミーイト 91

ヴィンテージ店

ヴィンテージ・アイテム 20 世紀 116
オットラー・エルパ 80
多目的空間ペールレ 102
ボネーラ 90

ワイン店

ヴィーナ・ストゥディヤ 65

ス　パ

エスパ・リガ 53
タカ・スパ 72

病　院

リガ第一病院 107

植物店

マーヤス・スヴェーティーバ 115

51
ドーム・ホテル＆スパ　27
ホテル・ネイブルグス　24
ホテル・ベルグス　78

レストラン・カフェ・バー

アルベルタ・ホテルの屋上テラス
　60
アルメニア料理アラガツス　111
イスタバ　98
イノセント　75
イルセウム　114
ヴィーナ・ストゥディヤ　65
ウマミ　93
カフェ・エクスポルト　144
カフェ・オシーリス　99
カフェ・ガウヤ　100
カフェ・クーコタヴァ　87
カフェ・クラブ　ダド　113
カフェ・タカ　110
カマ　20
ガレージ　82
スカイライン・バー　55
タム・ラバム・ブース・アウグ
　テウ　25
テアートラ・バーのレストラン
　96
デサ＆コ　131
ビブリオテーカ・ナンバー・ワン
　85
ファゼンダ　92

ベジタリアンの食堂ラーマ　123
マンガリュイの串焼き肉　172
ミーイト　91
ラ・カンナ　86
レストラン・ヴィンセンツ　70
レストラン・ウズベキスタン
　101
レストラン・キッチン　129
レストラン・ネイブルグス　23
レストラン・ファブリカ　149
レ・ドメ　28
ロー・ガーデン　56
ロック・カフェ　17

クラブ

キューバ・カフェ　21
ナバクラブ・ナイトクラブ　37

市　場

アーゲンスカルヌス市場　160
ヴィゼメ市場　108
サクタ・フラワー・マーケット
　84
中央市場　126
ナイト・マーケット　135
ベルガ・バザールのファーマーズ
　マーケット　79
ラトガリーテ市場　136

名産品

バルト海の魚　140

トレンティーニ　121
フォルドライフ　103
ブテリヨン　109
本とデザインの店ルカブカ　46

イベント

歌と踊りの祭典　176
スカニュ・メジュス　130
バルトの真珠国際映画祭　71
ホワイト・ナイト　122

名所・旧跡

アリセス通りの給水塔　162
アルカーディヤス公園　155
ヴァカルブッリ　169
ウェールマネス庭園　83
ヴェフ　119
ウズヴァラス公園　156
エイゼンシュテイン父子　64
キーシュエゼルス湖　175
キープサラ島の木造建築　148
黒い敷居　105
シュケールスイエラ通り　140
自由記念碑　44
スピーケリ創造区　128
スピルヴェ空港　163
ダイレス劇場　106
テンプリャ通りの中庭　161
トルニャカルヌス駅　158
フォルブルグの中庭　62
ブラーリュ共同墓地　177

フリチャ・ブリーヴゼムニエカ通り　157
ベルガ・バザール　77
墓地の伝統行事　140
マヌガリュサラ桟橋　171
ムールニエク通り　138
ユールマラ　182
ライブ通りとシキューニュ通りの中庭　29
ライマ時計台　43
ラトビア科学院　127
リエリエ・カピ　117
リガ城　11
リガ第一病院　107

教　会

キリスト生誕大聖堂　52
聖フランシス・ローマ・カトリック教会　137
聖ペトロ（ペーテラ）教会　26
リガ大聖堂　15
リガ・ユダヤ教会　34
ルター派教会　159

野外活動

ゼイルグザンダレス乗馬センター　179

ホテル

アートフラット　59
ギャラリー・パーク・ホテル

索　引

地　域

アンドレイサラ　142
キープサラ島　146
旧市街　8
クンジンサラ　170
パールダウガヴァ　150
ボルデラーヤ　168
メジャパルクス住宅都市　174
モスクワ郊外　124
リガ市街　40

文　化

イヴォンナ・ヴェイヘルテのギャラリー　47
ギャラリー・アルマ　68
ギャラリー・リガ　48
現代芸術センター KIM?　134
芸術サロン・ムークサラ　153
シンフォニエッタ・リガ　133
新リガ劇場　95
スカニュ・メジュス　130
スピーケリ創造区　128
スプレンディド・パレス　57
船上のギャラリー　ノアス　152
ダイレス劇場　106
パラディウム　74
ピロユニーツァ　81

ラトビア国立オペラ　45
ラトビア国立交響楽団　30
リガ・アート・スペース　31

博物館・美術館

アルセナールズ展示場　18
ゲットー・ホロコースト博物館　132
パウルス・ストラディンシュ医療史博物館　66
モーター博物館　173
ラトビア国立美術館　49
ラトビア自然歴史博物館　73
ラトビア占領博物館　35
ラトビア素朴派美術館　145
ラトビア鉄道歴史博物館　154
ラトビア民族野外博物館　181
リガ航海歴史博物館　19
リガス・ビルジャの美術館　16
ロマンス・スタとアレクサンドラ・ベルツォヴァ博物館　58

デザイン

アトリエ・ナチュラルズ　104
イスタバ　98
エコブティック　69
家庭用品の店リヤ　88
ゼストア　112

i

執筆者

Una Meistere　　　ファッション・旅行ジャーナリスト
Daiga Rudzāte　　芸術批評家・キュレーター
Agnese Čivle　　　ジャーナリスト
Anna Iltnere　　　哲学者・ジャーナリスト
Monika Pormale　　舞台美術家
Ieva Zībārte　　　建築家
Pauls Bankovskis　　作家
Tabita Sīmane　　ライター
Dita Rietuma　　　映画評論家
Mārtiņš Vanags　　哲学者・ライター
Dace Rībena　　　ジャーナリスト
Kārlis Freibergs　　翻訳者
Pēteris Cedriņš　　詩人・翻訳者
Brigita Stroda　　文化プロジェクトのマネージャー
Ieva Lešinska　　　ジャーナリスト・翻訳者
Viestarts Gailītis　ジャーナリスト
Sandra Zaiceva　　ジャーナリスト

写真

Kirils Kirasirovs, Monika Pormale, Agnese Zeltiņa, Kristaps Kalns,
Uldis Briedis, Jānis Deinats, Juris Pīlēns, Kaspars Lielgalvis,
Mārtiņš Grauds, Andrejs Rudzāts, Barbara Freiberga,
Marc Litvyakoff, Erik Pelmeshkin, Kristine Lacontra,
Olga Telesh, Herberts Verpakovskis, Mlada Yolkina, Beatrise Gore

特別協力

ラトビア共和国大使館
ラトビア投資開発公社（LIAA）、ラトビア政府観光局
フィンランド航空、リガ・コレクション

編訳者略歴

Arta Tabaka〈あるた・たばか〉1984年、リガに生まれる。
ラトビア大学アジア研究専攻卒業。2009年に国費留学生として来日、日本大学芸術学研究科映像専攻。

菅原　彩〈すがわら・あや〉1991年、横浜に生まれる。
慶應義塾大学文学部在学。

小林まどか〈こばやし・まどか〉1991年、川崎に生まれる。
慶應義塾大学文学部在学。

リガ案内
りがあんない

162通のインヴィテーション

アルタ・タバカ 編

菅原彩
小林まどか
共訳

豊田卓 装丁・本文組版
漆山雄宇 印刷設計

2012年6月25日　初版第一刷発行
2017年11月25日　初版第二刷発行

発行者 豊田剛
発行所 合同会社土曜社 150-0033 東京都渋谷区猿楽町 11-20-301
www.doyosha.com
印刷・製本 大日本印刷株式会社

Riga An Nai

This edition published in Japan
by DOYOSHA in 2012

11-20-301, Sarugaku, Shibuya, Tokyo, JAPAN

ISBN978-4-9905587-3-4　C0226
落丁・乱丁本は交換いたします。

大杉栄ペーパーバック版

大杉栄著　大杉豊解説　各巻本体 952 円

日本脱出記 二刷

1922 年、ベルリン国際無政府主義大会の招待状。アインシュタイン博士来日の狂騒のなか、秘密裏に脱出する。有島武郎が金を出す。東京日日、改造社が特ダネを抜く。中国共産党創始者、大韓民国臨時政府の要人たちと上海で会う。得意の語学でパリ歓楽通りに遊ぶ。獄中の白ワインの味。「甘粕事件」まで数カ月。大杉栄 38 歳、国際連帯への冒険！

自叙伝 新装版

「陛下に弓をひいた謀叛人」西郷南洲に肩入れしながら、未来の陸軍元帥を志す一人の腕白少年が、日清・日露の戦役にはさまれた「坂の上の雲」の時代を舞台に、自由を思い、権威に逆らい、生を拡充してゆく。日本自伝文学の三指に数えられる、ビルドゥングスロマンの色濃い青春勉強の記。

獄中記 最新刊

東京外語大を出て 8 か月で入獄するや、看守の目をかすめて、エスペラント語にのめりこむ。英・仏・エス語から独・伊・露・西語へ進み、「一犯一語」とうそぶく。生物学と人類学の大体に通じて、一個の大杉社会学を志す。21 歳の初陣から大逆事件の 26 歳まで、頭の最初からの改造を企てる人間製作の手記。

土曜社